金融智库实录·立言

上海国际金融中心建设与长三角一体化

李扬 主编

社会科学文献出版社
SOCIAL SCIENCES ACADEMIC PRESS (CHINA)

金融科技、资本市场与长三角一体化
（代序）[*]

李 扬[**]

上海金融与发展实验室是在上海市委、市政府和上海各界的支持下，经过很长时间的努力，最终成立的。作为一家智库，上海金融与发展实验室庆祝诞生的方式就是研究问题。作为研究者，我认为现在比以往任何时候都更需要研究问题，本次会议我们选了三个议题：金融科技、资本市场和长三角一体化。

在 7 月 21 日上午的致辞中，大家不约而同地讲到金融科技，可见金融科技是当下以及未来一段时间内金融发展的痛点，也可以看到发展金融科技的必要性。上海是国际金融中心，金融科技一定是今后的发展重点，为此，上海金融与发展实验室第一个专设机构就是数字经济与金融科技研究院。

---

[*] 2019 年 7 月 21~22 日，"中国金融改革与上海国际金融中心建设"研讨会在上海召开，本文为李扬教授在研讨会上的总结发言，本书其他文章皆为与会嘉宾的发言致辞。
[**] 李扬，上海金融与发展实验室首席专家兼学术委员会主席、国家金融与发展实验室理事长。

大家都关注金融科技是件好事，但作为研究者，我们还是认为需要冷静看待，不可重蹈互联网金融的覆辙。按照现在的定义，互联网金融也是金融科技一部分，而且是非常重要的一部分。2014年初市场在做互联网金融时，监管当局对它非常警惕，当时我花了很多时间学习，总的感觉是不可忽视互联网金融，因为科技是推动人类进步的基本动力，金融发展也靠科技推动，而且金融业是科技最早、最敏感的使用者，不能小视。2015年，随着"互联网+"成为我们的发展战略，互联网金融也成为全国热潮，但非常遗憾的是，从2016年下半年开始出了很多问题，到现在余波未消。

发展金融科技要以完善金融基本体系为前提。互联网金融之所以"为中心而生末路"，表面上是因为我们用最现代的手段做最传统的业务——资金池，通过吸收存款、发放贷款赚取利差，利用P2P变相发债券、证券，实际上这是因为做传统业务受限制、管制太大。西方早期支付很发达，我们一下跨过支票和信用卡，达到移动支付，不要就此认为我们一定领先、超越了发达国家，千万不要有这样一种虚妄的看法。金融的运行必须完备各种条件，在不具备的情况下发展新事物会导致信用问题、监管问题、道德风险问题，互联网金融反映出了这个状况。金融科技的本质是金融，当我们用最新科技来发展金融的时候，要检验其是否具备金融所需的要素，所以在这个意义上发展金融科技不能只看科技，还要看金融制度本身，要完善金融制度。

总的来说，做金融时要遵循金融的规则。下一步我们将在上海设立金融科技研究院，会致力于把最先进的科技和最适合我国的金融文化、金融体系结合起来，这件事我们感觉任重而道远。金融科技发展下去一定会遇到诸多问题，比如利率、汇率没有市场化，收益率曲线没有有效地形成等问题。金融科技的使用基本上是在支付领域，稍微触及一点货币和信用领域，如果大量进入信用领域，跨期配置马上会遇到利率问题。未来触及跨国信用等问题时，就会发现，如果没有做好金融基础设施，那么金融科技有可能成为祸害。

7月22日上午的议题是长三角一体化，嘉宾演讲的角度各不相同。我听完之后有一点忧虑，因为主流推动措施好像是再"造"一个地方，但我想长三角一体化绝对不是再造一个地方、实行特殊政策，沿着特区之路发展的长三角一体化绝对不是我们要的。周振华院长讲到，现在中国面临新的全球化格局、新的竞争，我们需要创造一套新的体系，引入新的力量；还讲到了国际产业链变化问题、分工的变化问题、跨国公司经营谋略变化问题，这些都是新东西。其实上海需要冷静地想想我们得到了什么，推进了什么，有多少可复制、可推广的东西，如果还是按照原来的方法划分一个特区，那就失去了做长三角一体化的意义。据我所知，一开始成立上海自贸区的目标非常明确，即应对跨太平洋伙伴关系协定（TPP）的挑战，因为TPP包围了中国，并将中国排除在外。而且奥巴马在澳大利亚签订协议的时候，说不能让中国这样的国家主宰国际规则制定。那时候我们的党中央非常英明，明察秋毫，在中国最发达地区试行了 TPP 合作原则。

我觉得长三角不能够沦为做成一个小特区，应当是一个新的体制机制的建立，可以有效应对国际上的风云变幻，能够为全国经济体制改革及深入发展提供一些借鉴、创造一些经验。所以我认为长三角一体化有几个方面是我们需要重点注意的。

第一，应该做市场一体化，而非行政的一体化。中国最大的市场缺陷是土地市场，尤其是城乡土地市场，最近都在讲这个问题——农民手里"三块地"、城乡建设用地市场一体化问题，亟待解决。因为中国城乡风格是苏联体制，苏联的城乡风格是，在经济上，乡村是落后的，城市要通过榨取乡村剩余价值来发展工业；在政治上，乡村是合作制或者是私有制，而城市是公有制，为保证公有制的快速发展而限制合作制和私有制。历史告诉我们，工业化进程中受益的应当是农民，其关键环节是土地资本化，土地资本化收益给农民，但我国工业化进程中土地资本化收益被各级政府和开发商拿去了，农民得到的很少。中央很多文件都在讲"农民三块地"的确权和交易问题，我觉得长三角是否可以探讨一下城乡土地一体化问题。

第二，公共服务均等化。并非要把所有的服务均等化，均等的应该是少数关系到基本生活的服务。

第三，如何对好的公共服务收费。我们无法算清楚一个城市税收多少、中央拿多少、地方拿多少。现代公共经济理论讲到使用者付费，因为你获益了就需要付费。发达国家与我国是相反的，我们是费改成税，而发达国家是大量税改费，因为现在可以识别受益者，效益也能够捕捉到并且计量出来，谁获益多少谁付费多少。有人说中国是分税制没有办法搞，其实美国更复杂，但是他们通过使用者付费这个基本原则解决了问题。

长三角一体化的发展是为了应对新的全球化挑战，目前全球化格局正在调整，美国挑起中美贸易争端，开始对我国加征关税，此趋势逐渐扩散，传导到美国的甚至全世界的企业。由此大家会发现世界早已发生了变化，我们要顺应这种变化，重塑全球化格局，长三角一体化要在此发挥积极作用。

7月22日科创板开市，科创板的开板及运行给我们提出了一个"世纪之问"：中国需要什么样的资本市场？

第一，目前看来科创板的制度很好，接下来怎么协调是关键。主板、中小板、创业板、科创板、新三板以及产权交易，六个层面应当是一体的，而且要形成平滑过渡的结构。科创板推出后，下一步应该研究怎样形成真正的多层次资本市场。中央最近不断强调要形成多层次资本市场，原因很简单，我们现在有两难，而且是非常明确的两难，经济增长需要有资金供应，中国目前的资金供应方式以间接融资为主，带来的后果是债务的提高、风险的积累。解决的方法就是发展权益类融资，既得到了资金，又不会提高杠杆率和债务。现在提出发展有韧性的资本市场，比以往更加迫切，要形成功能不冲突，有分工的、平滑的、多层次的市场结构。

第二，原来的间接融资体系中有一类资金，如果不加以引导，以后会形成债务，资管行业的作用就是将其变成长期资金，在这个过程中可能会形成权益。信托行业的工作也是如此，即资金性质转换、长短期转换、权益性和债务性权益转换。我们要将债务类资金从银行资产负债表里拿出来，转换为权益类资金。

第三，要注意的是，多年来中国资本的形成靠的是银行而非资本市场，虽然教科书上写到不能依赖银行，但是银行确实扮演好了自己的角色，而且也没有出什么问题，这就是中国的特色，需要认真研究。2019年4月底，资产结构中中长期贷款五年以上的占比是62%，同样是2019年4月底，从美国持牌银行的资产负债表可以看到，资产中长期贷款占比为30%。中长期贷款可分为两类，一类是住房抵押贷款，一类是长期投资。这是不一样的，住房贷款是抵押贷款，属于自物抵押、自清偿，可以进一步证券化并从中长期贷款中剔除。美国把住房抵押贷款去掉后，中长期贷款占比只有2%，中国则是37%左右，这意味着中国的银行金融机构用自己的中长期贷款支撑了中国长期的高投资、高增长，而且其中通货膨胀很少发生，这是真正的奇迹所在。我们不能忽略20多年来的事实，当事实和教科书相矛盾的时候一定是教科书错了，实践是不会错的，此时就需要进一步研究。下一步，中国资本市场发展需要全面的眼光，要使现有的格局形成一个互相不矛盾、不冲突的结构，同时不能忽略传统金融机构间接融资的作用，这些问题都摆在我们面前等待去解决。

总而言之，中国目前仍有大量的问题需要深入研究，挑战性很大，我们上海金融与发展实验室很愿意用上海这个平台来推进研究，从而为整个国家金融改革发展贡献绵薄之力，也希望在上海得到大家一如既往的支持。最后我代表国家金融与发展实验室、上海金融与发展实验室向各位的支持表示感谢，谢谢大家。

目 录

第一部分
金融供给侧改革与上海国际金融中心建设

上海国际金融中心建设需要各类支撑　　　　　　　　屠光绍　003

国家金融与发展实验室助力冲刺上海国际金融中心建设　吴　清　009

财经类媒体应在金融供给侧结构性改革中
发挥重要作用　　　　　　　　　　　　　　　　　朱进元　013

科技创新是推动金融供给侧改革的核心驱动力　　　　崔　嵬　019

创新链与产业链的深度融合需要金融、
基础设施的支持　　　　　　　　　　　　　　　　王　振　023

商业银行在转型　　　　　　　　　　　　　　　　　吴学民　027

拓展金融中心的广度、深度和市场承载度　　　　　　陆文山　031

探索产权市场发展需要更多基础研究　　　　　　　　纪康文　041

金融科技是金融供给侧改革的重要组成部分　　　　　梁世栋　045

5G场景下的金融科技发展趋势　　　　　　　　　　黄润中　051

资金推动型企业的困境与出路　　　　　　　　　　　黄金老　063

上海国际金融中心的建设步伐正在加快　　　　　　　薛瑞锋　067

第二部分
中国资本市场的开放与发展

资本市场开放将助推上海国际金融中心建设	连　平	*073*
紧扣实质补短板建设国际金融中心	乔依德	*079*
从资源配置到风险配置	张晓晶	*091*
冲击、公司转型与稳定政策	张　平	*099*
寻找最有效率的资产风口	刘煜辉	*105*
科创板的使命和初心	尹中立	*113*
全球金融市场展望	胡志浩	*119*
金融强国要如何炼成？	潘英丽	*129*
创新"一带一路"投融资方式促进上海国际金融中心建设	刘晓春	*137*

第三部分
长三角区域经济金融一体化

长江三角洲区域一体化的本质是市场化	周振华	*147*
体制机制改革比技术进步更重要	王国刚	*155*
长三角一体化：创新链与产业链的深度融合	王　振	*161*

建议成立长三角基础设施投资银行，
推动长三角一体化发展 　　　　　　　　　　左学金　*167*

长三角一体化：可能的风险与必需的防范　　倪鹏飞　*173*

长三角经济与金融一体化：
基于资金流动与 GDP 关联的分析　　　　　程　炼　*179*

创新长三角一体化示范区财税分享机制
实现投入共担、利益共享　　　　　　　　　魏　陆　*193*

推动长三角区域经济金融一体化　　　　　　徐明棋　*201*

深度城市化与超级大湾区　　　　　　　　　邵　宇　*209*

第四部分
金融科技与资管行业

《中国金融科技运行报告（2019）》要点分享　杨　涛　*219*

金融供给侧改革中的资管行业　　　　　　　曾　刚　*229*

中国经济为何"易冷难热"：结构转型与广义信贷　张　斌　*241*

金融科技与上海机遇　　　　　　　　　　　孙　涛　*251*

信托业转型：从资产管理到财富管理　　　　王　涛　*261*

第一部分

金融供给侧改革与上海国际金融中心建设

上海国际金融中心建设需要各类支撑
屠光绍

国家金融与发展实验室助力冲刺上海国际金融中心建设
吴　清

财经类媒体应在金融供给侧结构性改革中发挥重要作用
朱进元

科技创新是推动金融供给侧改革的核心驱动力
崔　嵬

创新链与产业链的深度融合需要金融、基础设施的支持
王　振

商业银行在转型
吴学民

拓展金融中心的广度、深度和市场承载度
陆文山

探索产权市场发展需要更多基础研究
纪康文

金融科技是金融供给侧改革的重要组成部分
梁世栋

5G 场景下的金融科技发展趋势
黄润中

资金推动型企业的困境与出路
黄金老

上海国际金融中心的建设步伐正在加快
薛瑞锋

上海国际金融中心建设需要各类支撑

屠光绍　上海金融与发展实验室首席专家兼首席顾问、全国政协委员

为建设上海国际金融中心、发展上海市场体系，应加快市场化改革以健全市场机制，完善市场体系建设以增强市场功能，创新市场产品和工具以满足资产配置和投资需要，扩大市场开放以更好地推进国际化进程。

一、金融供给侧结构性改革

金融供给侧结构性改革涉及的内容比较多，我觉得其中非常重要的或是基础性的内容，就是金融供给，特别是融资体系供给，这在整个金融供给侧结构性改革中是一个基础性、长远性的重要问题。长期以来，中国金融的融资体系和结构以间接融资为主、直接融资为辅，间接融资在我国的整个融资体系里发挥主导作用。我们要建立现代化金融体系，使融资体系和结构更加平衡，就要不断提高直接融资在整个融资体系里的比重，这可能是一个战略性任务。20 年来，历次政府工作报告、五年规划，以及中央重要文件都提到了提高直接融资比重，但是，直接融资比重一直提高得不快，也有反复、有波动。总的来看，提高直接融资比重依然是我们完善融资体系，从而更好地实现金融供给侧结构性改革的一个重要任务。

大家认为融资体系失衡造成了杠杆率过高、债务率过高，最终会导致宏观经济失衡，或者金融体系出现风险。那么，提高直接融资比重为什么如此重要却一直实现不了，融资体系还没有达到相对均衡水平？其中有深刻的原因。

我认为，解决融资体系匹配和供给上的问题，是金融供给侧结构性改革的重要任务。融资体系里有三个比重非常重要。一是直接融资与间接融资平衡的问题，要提高直接融资比重。二是在直接融资供给里要提高股权融资比重。在整个融资体系里提高直接融资比重，是为了解决宏观经济包括金融稳定性的问题，在直接融资供给里提高股权融资比重，则是针对结构的调整，即经济结构转型，特别是产业结构转型，尤其是面对一些新型产业的发展。中国过去是全球制造业中心，但是自身的产业结构需要调整，产业结构调整方向之一就是不断促进新产业、新业态的发展，特别是创新、创业企业的发展，从而更好地支撑整个经济结构、产业结构调整。但不论是战略新兴产业还是科技产业，其发展面临的最大问题都是股权融资不足，这些产业的特点决定了必须有更多股权融资给予支持，所以在直接融资体系里又面临提高股权融资比重的问题。比如现在的公募基金中，货币市场基金的比重非常大，股权投资基金的比重还比较小。总的来讲，提高直接融资里的股权融资比重是为了满足新型产业发展、企业创新创业的需要。三是股权融资体系里要提高长期股权资金来源的比重。因为我们的股权投资包括公募、私募，但是缺乏长期稳定的资金来源。这三个比重的提高是一项系统工程，是金融供给侧结构性改革的一个根本性或基础性任务。

二、上海国际金融中心建设

上海国际金融中心建设会随着金融供给侧结构性改革，特别是融资体系的进一步完善，创造巨大机会。上海国际金融中心的战略定位是培育金融市场体系，核心是资本市场，所以加强上海国际金融中心建设，实质上是要发展、健全、创新开放的市场体系。上海市场体系进一步发展了，必然会为融资体系改革、结构完善提供巨大支撑。

我觉得上海有很大优势，其一，上海的要素市场、各类市场体系非常齐全；其二，上海的各类机构比较丰富；其三，上海的市场服务体系也比较健全。所以，上海具备了为国家金融供给侧结构性改革，特别是为"融资体系结构完善"这一基础性重要任务提供更好服务的条件。从这个意义上看，金融供给侧结构性改革会给上海国际金融中心建设特别是上海市场体系建设、资本市场发展提供巨大动力。

三、发展建议

针对下一步如何根据国家金融供给侧结构性改革，进行上海国际金融中心建设，不断发展上海市场体系，我提出如下四点建议。

一是加快市场化改革，以健全市场机制。经过近 30 年的发展，我们的市场体系已经非常丰富、完整，体量较大，但是市场机制对于市场体系建设而言是一个根本问题。因为我们长期以来是靠外在机制规范、推动市场发展的，市场发展更多地依靠外在力量，比如说靠行政管理力量，但是市场需要有一个内在的发展和稳定机制，目前市内在发展的稳定性依然缺乏,这一点是不可回避的,但正在逐渐转变。科创板对市场化机制改革的意义十分重大,比如科创板带来的注册制、退市机制、利益捆绑机制等,可能对于市场内在发展和稳定有重要意义。将来,如果市场在集体诉讼、赔偿方面都有进一步安排,那么市场会形成内在稳定机制。通过内在稳定发展实现市场发展,这也是市场化机制改革的要义。

二是完善市场体系建设,以增强市场功能。上海市场体系已经非常完善、非常健全,但是我认为还需要更多形态。上海基本是以公开市场为主,还要进一步丰富公开市场、非公开市场,以及公募市场、私募市场等,这样才能有更大的容量来满足各方需要。比如现在大家发展私募股权基金,那么私募股权基金里很重要的私募基金份额二手市场也需要发挥作用。上海市场体系进一步丰富,形成多层次市场、多形态市场,才可以推动市场更多功能的完善。

三是创新市场产品和工具,以满足资产配置和投资需要。现在资产管理、财富管理、投资管理出现了更多差异化、多样化的需要,所以必须有更多市场产品和工具来满足需要。大机构投资人特别是一些资产配置型机构需要有更多产品和工具来进行资产配置。比如公开市场,从国际趋势来看,被动型管理产品工具会越来越多。目前,资产管理行业拥有上百万亿元的资产规模,如果市场有更多产品和工具,使得资产管理能够转轨到直接融资上,那么资产管理行业就找到了出路。所以，如果资本市场、市场体系能够提供更大空间，有更多产品和工具，就会为资产管理行业这样的大体量行业转型与资本市场对接、与直接融资对接提供帮助。这满足了整个融资计划中融资体系完善的需要，也为资产管理行业开辟了更大空间。

四是扩大市场开放，以更好地推进国际化进程。上海国际金融中心的开放程度还不够，所以通过扩大市场开放，可以逐步实现国际化，从而既配合国家更加开放的经济体制、更加开放的市场格局，也可以为上海国际金融中心进行全球资源配置提供更广阔的国际舞台。

上海国际金融中心建设既需要硬实力，也需要软实力；既需要市场体系，也需要各类与市场发展相关的服务形态和机构支撑。

国家金融与发展实验室助力冲刺上海国际金融中心建设

吴　清　上海市副市长

国家金融与发展实验室在上海落户，对探讨上海国际金融中心建设，以及国家进一步改革、开放、创新，都是一个具有重要意义的事件。希望未来上海金融与发展实验室能够做实做好，除理论研究外，还可以进行一些产品实验。

非常高兴和大家一起在这里迎接国家金融与发展实验室落户上海，成立上海金融与发展实验室。同时也很高兴和大家一起参加这次的"中国金融改革与上海国际金融中心建设"研讨会。这个周末非比寻常，昨天（2019年7月20日）国务院金融稳定发展委员会办公室发布了11条金融业对外开放措施，明天（7月22日）科创板就要开市，今天（7月21日）国家金融与发展实验室在上海落户，这三件事情对金融业很重要，对上海很重要。其中，国家金融与发展实验室在上海落户对我们探讨上海国际金融中心建设，以及未来国家进一步的改革、开放、创新，具有重要意义。

上海国际金融中心的建设情况大家了然于胸，从2009年定下到2020年"基本建成与中国经济实力和人民币国际地位相适应的国际金融中心"这个目标，到现在已有10多年时间。2018年底，经国务院同意，中国人民银行等八部门联合印发《上海国际金融中心建设行动计划（2018～2020年）》，进一步明确围绕建成上海国际金融中心要有"六大中心"，即建设全球资产管理中心、跨境投融资服务中心、金融科技中心、国际保险中心、人民币资产定价与支付清算中心、金融风险管理与压力测试中心。如期实现建成国际金融中心的目标，我们还有很多工作要做。

今天国家金融与发展实验室落户上海使我们距离实现目标更近了一步，我在表示祝贺的同时，也希望实验室未来可以做得更实，不仅仅做一些理论研究，也可以做一些产品实验，使更多新的研究成果在上海率先落地。实验室和今天的研讨会搭建了很好的平台，希望各位专家可以更加深入地探讨，我们一起为上海国际金融中心建设出谋划策。最后，预祝本次研讨会圆满成功，预祝实验室早日开花结果。

财经类媒体应在金融供给侧结构性改革中发挥重要作用

朱进元 《中国保险报》党委书记、董事长

财经类媒体应在信息选择的方向性、信息内容的准确性、信息传播的及时性、信息供给的全面性、信息来源的权威性、信息加工的专业性等方面下功夫，进一步提高金融信息的供给质量。

非常高兴也很荣幸受邀参加这次国家金融与发展实验室举办的研讨会。我想，请一个媒体负责人来参加这样的会议，既是因为国家金融与发展实验室需要一个平台，将一些重大研究成果很好地传递给决策层、业界、社会参与者；同时，这也是我们的使命，未来我们要在这个方面好好地完成我们的使命。

上海作为改革开放的前沿，也正在建设国际金融中心，我相信上海金融与发展实验室的成立一定会为上海的金融发展助力，为国家决策提供有力参考。

这一环节会议的主题是"金融供给侧结构性改革"。党中央从2015年第四季度开始部署推进的供给侧结构性改革取得了显著成就，我们看到宏观经济杠杆率从2017年早些时间开始趋于稳定，杠杆的结构也不断优化。钢铁、煤炭、有色金属等建材和冶金行业的杠杆率持续降低，计算机、医药等领域杠杆率在提升，可以说经济结构在不断优化。金融供给侧结构性改革的步伐也在稳步推进。当前，银行业和保险业按照党中央和银保监会的部署，正在大力推进金融供给侧结构性改革。

第一，在机构体系、产品体系、市场体系上，都有一些可喜变化。从供给方面我们看到产品日益丰富，从市场主体方面，新的市场主体不断被引进。从这个角度来讲，我们认为整个银行业、保险业的供给侧结构性改革已经取得了很好的成绩。截至2019年5月底，全国小微企业贷款余额已超过35万亿元，1000万元以下贷款总额达到10.25万亿元，比2018年同期提高33.46%，绝对额提高2.57万元；贷款小微企业户数增加1928万户，比2018年初增长660万户，这些方面都可以证明我们国家无论是宏观经济还是金融供给侧改革已经有了很好的成绩，有了可喜的变化。

第二，我们认为金融供给侧结构性改革势在必行。经典理论告诉我们，经济结构必须与实体机构相匹配。从当前看，金融结构不合理问题还比较突出。我们的银行业中，大银行占GDP的比重超过美国，是美国的两倍。但是，保险行业、证券行业占GDP的比重不到美国的1/3，还有很大的提升空间。银行业的结构有一些问题，大银行"天下通吃"，中小银行、社区银行、民营银行不足。保险方面，保险的深度和密度分别是4.2美元/人和337美元/人，这个数据低于全球平均水平，更不能和发达国家相比；与中国香港比，深度是香港的1/4，密度是香港的1/20。在亚洲地区，无论是中国香港、中国台湾，还是日本，保险业都非常发达，因此我们认为，中国保险业拥有广阔的发展机遇和前景。此外，政策传导机制不畅，国有金融机构内生动力不足，民营机构外部生态环境恶化，中小金融机构融资难、融资贵等问题还比较突出，资产慌、资金慌依然比较严重。

第三，金融供给侧结构性改革任重道远。以金融结构调整促进实体经济结构调整，我们还在路上。在此过程中，我们既要重视大型金融机构"领头羊"和"稳定器"的作用,又要重视中小金融机构在激发经济的创新动能中发挥的作用;既要重视中小银行的发展,又要重视中小保险机构和中小证券机构的发展,通过深化金融供给侧结构性改革,着力调整金融业结构,更好地服务实体经济。

我们认为,信息供给侧改革是金融供给侧结构性改革的组成部分。财经类媒体在推进金融供给侧结构性改革中承担着重要责任,也可以发挥重要作用。大家都知道传统传媒业在互联网、大数据、人工智能、云计算的快速推进和发展背景下面临窘境,我们当然也面临很大挑战。传统纸媒面临关门减版的压力,在这样一个背景下,我们社会不需要纸媒了吗?不需要资讯了吗?恰恰相反,这样一个快速发展的社会是需要资讯的,但是需要什么样的资讯?我认为,新闻媒体应该在以下六个方面下功夫,进一步提高金融信息的供给质量。

一是,传媒行业服务金融供给侧结构性改革,首先要把握信息选择的方向性。无论在哪里,舆论的方向性和倾向性必须和我们国家决策、战略吻合。

二是,信息内容的准确性。大量信息满天飞,可以说是参差不齐,大家眼花缭乱,但是这么多信息和内容,哪一条是真的,哪一条准确,这恐怕是传媒需要承担的责任。

三是,信息传播的及时性。传统纸媒在传播及时性方面存在很大问题。当然,我们也不是没有改进,我们同样在构建全媒体,我们要把最好、最准确、最权威的信息，在第一时间传递给需要者。

四是，信息供给的全面性。信息传播的及时性非常重要，信息供给的全面性更不可或缺。目前，媒体在信息准确性、全面性的把握上还有一定的差距。

五是，信息来源的权威性。我们拥有官媒背景，信息可以更加准确、权威。我们在这方面是有优势的。

六是，信息加工的专业性。我们是行业报，面向的是非常专业的行业，银保监会传媒自然迫切希望来自国家金融与发展实验室等机构的专业文章。

新形势下，高质量的信息供给是金融体系有效运行的基础，《中国保险报》愿与包括国家金融与发展实验室在内的研究机构、市场主体一起合作共赢，共同发展。我们要做好以下三件事。

第一，讲好金融改革发展的故事。首先，作为媒体，我们可以感性传播这当中发生的很多感人故事；其次，我们也可以把很专业的观点，向不同层次的受众推送。《中国保险报》覆盖银保监系统、银行信托保险业以及很多市场参与者，感性上、专业上我们会积极推动，我们也会更理性地向我们的消费者传递相关理念。

第二，搭好银行业和保险业的交流合作平台。媒体是一个平台，既有抽象，也有具象，像今天这样的平台我们也经常搭建，会邀请很多相关专家和从业者进行沟通。国家金融与发展实验室是内容制造者，而我们是平台搭建者，相信未来我们可以实现更多合作。

第三，做好金融供给侧结构性改革的帮手。这是一个伟大的时代，国家在创造"两个一百年"伟大成就的时候，金融行业一定也会有更加可喜的成就出现，这其中一定有在座的成就，一定也有国家金融与发展实验室和上海金融与发展实验室的贡献。预祝上海金融与发展实验室蓬勃发展，成为国家金融与发展实验室的领头羊，为国家金融与发展实验室打造成国际一流金融智库做出积极的贡献。

科技创新是推动金融供给侧改革的核心驱动力

崔 嵬 中国外汇交易中心副总裁

科技创新是推动金融供给侧改革的核心驱动力,传统金融机构目前正在推进数字化转型和金融科技战略部署。众多科技巨头和公司也是跑步进入赛道,可以说,当前技术创新有可能正孕育着一个经济长周期的到来。

金融供给侧改革是当前及今后较长一段时间金融工作的重要任务。当前需求非常多，关键是供给跟不上，大家普遍认为这个矛盾是长期存在的，因而金融供给侧改革具有非常强的现实性。中国外汇交易中心作为我国重要的金融市场基础设施，始终不忘初心，牢记使命，认真贯彻中国人民银行关于加快金融基础设施建设战略部署，在加快技术升级、增加有效供给、创新交易机制、加快产品创新、完善服务体系、推动大数据监测与管理等方面，做了很多探索，也取得一些成效。但是供给侧改革任务依然非常艰巨。

科技创新是推动金融供给侧改革的核心驱动力。近几年，以信息科技为代表的先进生产力日新月异，业态不断被重塑，生产关系也被改变着。随着大数据、云计算、人工智能以及一些新型交互技术的发展应用，科技与金融融合不断深入，许多传统模式下难以解决的行业痛点在科技助力下解决了。金融科技在拓展金融机构普惠能力、提升金融服务质量等方面发挥越来越重要的作用，特别是传统金融机构目前正在推进数字化转型和金融科技战略部署。众多科技巨头和公司也是跑步进入赛道，可以说，当前技术创新正在孕育着经济长周期到来。

问题和场景是金融科技发芽成长的沃土。有人讲，场景是钉子，科技是锤子，找准场景更加重要。我们以银行间市场为例，成立25年来已经成为日均交易量超过6万亿元的大市场，但是问题和难点以及需要解决的新场景层出不穷。比如，如何实现市场发展与汇率改革协调推进？如何用大数据实施监控？如何解决交易中信息不对称的问题？如何使规则制定快速跟上或者适应业态改变？这些问题都需要金融科技支撑。这些问题的解决方案不能只停留于口头，也不能只停留于规则制定上面，关键是落在技术上、系统上，只有尽量做到规则系统化才能真正转化为现实生产力。

跨界融合"人剑合一"，推向发展新高度。新发展理念有五个词，前两个是创新、协调。作为银行间重要基础设施，我们充分认识到推动金融科技创新与金融基础设施融合发展的重要性。为打造银行间市场金融科技生态圈，中国外汇交易中心于2018年成立了金融科技实验室，主要是侧重于市场。对内整合无形资产，加强技术储备，加快技术赋能，对外搭建银行和市场共创平台，探索外部战略合作。通过将银行间市场海量数据、业务场景与尖端技术和创新相结合，以高新科技赋能业务创新，主动拥抱变化，加强跨界联合与协同创新，希望打造新高度。

2019年陆家嘴论坛上易纲行长指出，上海国际金融中心建设还可细化为五个中心，其中一个就是金融科技中心。近年来，上海科技金融创新活力不断显现，金融科技中心初现雏形。很多城市都在讲金融，也在加大投入，上海的优势在于有一些比较好的场景，加强业务方面可能是上海特色。

中国外汇交易中心与上海金融与发展实验室都是落户上海的单位，我们有问题、有场景、有困惑，也有较强的技术实力，同时也需要实验室为创新提供智力支持，希望双方交流创新方法，加强创新合作，为上海金融建设提供新引擎。

创新链与产业链的深度融合需要金融、基础设施的支持

王 振 上海社会科学院副院长

在长三角一体化过程中,要注重创新链、产业链和金融链的深度融合。创新链主要聚集在大城市,产业链则更多向中小城市转移,需要金融、基础设施把两者衔接起来。

今天很高兴参加"中国金融改革与上海国际金融中心建设"研讨会，我想表达三层意思。

第一，表示祝贺。上海金融与发展实验室其实9年前就已在上海启航，今天以实验室的模式在上海正式成立，这是非常值得祝贺的。特别感谢国家金融与发展实验室对上海的支持。

第二，表达学习。2005年中国社会科学院成立金融实验室，我们就很关注，这在整个社会科学界是一个重大事件，是一个重大突破。我们原来只有研究室、调研室、教研室，从来没有实验室，这是工科、理科的模式。在李扬教授的亲自谋划推动下，中国社会科学院建立了实验室，意味着社会科学研究可以利用先进的工学技术或大数据技术，来提高研究的精度、深度和灵敏性。这几年我们一直在观察，它在逐步发展，特别是中国社会科学院把多个机构整合起来，搭建了国家金融与发展实验室，这是值得我们上海社会科学院学习的。

上海社会科学院在全国社会科学院系统规模排名第二，也是25家国家高端智库之一，现在共有17个研究室，近800名在职人员。在将大数据技术与社会科学研究紧密结合，形成更多精准的、广泛的、灵敏的大数据报告等方面，我们的差距还很大。这几年我们在推进"一带一路"数据库和长江经济带数据库建设，最近在谋划建立国际大都市数据库。在上海研究多年国际大都市后，发现没有一个机构可以把东京、纽约、伦敦、巴黎、香港、新加坡等城市的所有数据收集起来汇成大数据。2019年上海市委、市政府提出管理要精细化，要学习东京，当我们对标东京的时候，发现在上海找不到那么多翔实、丰富的数据资料，这就迫使我们建自己的数据库。这当中还面临一个难题，科研人员、研究队伍怎样跟数据库对接，这也是我们要认真向上海金融与发展实验室学习的地方。

第三，加强合作。很高兴看到上海金融与发展实验室把"长三角一体化研究院"放在若干研究中心的首位。我是研究长三角、长江经济带、区域经济的，从2018年开始主要聚焦在长三角一体化发展上。对上海来说，在未来若干年的发展中，要借江苏、浙江、安徽的力量提升上海城市服务功能，依托周边的经济强劲地区共建上海。在长三角一体化发展的国家战略中，上海要发挥牵头、带头作用。长三角一体化发展是习总书记亲自谋划、部署、推动的。竞争是需要的，但更需要多地方的紧密合作，甚至要共同搭建各种各样的一体化平台，包括世界级港口群、一体化交通等，更要共建要素市场一体化、公共服务一体化。

金融大量集中在上海，创新链主要聚集在上海、南京、杭州、合肥等大城市，产业链则是多城市共聚，有在大城市的，更多布局在中小城市，制造业也正在由大城市向中小城市转移。比如，上海的一些制造业正在向周边地区转移，因为上海的商务成本太高；在一体化示范试点中探索财税分享政策，即针对转移出去的项目双方都可以得到税收利益，这样整个产业链布局将呈现多元、多城市的空间。

创新链布局在大城市，产业链则更多在中小城市，将二者深度融合起来要靠金融、基础设施的支持。金融是上海最大的优势，除了研究上海的资本市场，如科创板、基金、股票等，还要关注上海金融如何更好地服务长三角、服务实体经济，如何让长三角企业更容易从上海获得低成本融资。在未来长三角一体化的发展过程中，我们要好好研究这个问题，让更多的中小微企业在长三角地区更好地成长起来，更好地推动上海金融发展，将上海建设成真正为中国经济、为实体经济服务的国际金融中心。

商业银行在转型

吴学民　徽商银行董事长

银行业现在面临的形势越来越复杂，金融科技风起云涌，发展非常快，给银行业发展带来非常大的挑战。上海金融与发展实验室的成立及其课题的研究和应用，必将助推长三角金融机构更好地发展。

徽商银行是全国首家由城市商业银行和城市信用社联合重组设立的区域性股份制商业银行。成立至今13年多的时间,发展很稳健,资产规模一万多亿元。在安徽整个金融资产当中占比超过1/6,在全球1000家银行中的排名是142位。我们也在探索差异化、特色化发展道路。这次安徽省也在谋划"长三角行动计划",行动计划做得很翔实、很具体、有可操作性。

我们徽商银行将竭尽所能从金融角度助推长三角一体化发展。银行业现在面临的形势越来越复杂。2019年7月20日国家宣布了金融业进一步对外开放的11条政策措施。这几年金融科技风起云涌,发展非常快。这些都给银行业发展带来非常大的挑战。我相信,上海金融与发展实验室的成立及其课题的研究和应用,必将助推长三角金融机构更好地发展。

下面,我提三点建议。

第一,共建共享。希望上海金融与发展实验室能够牵头共建长三角区域金融研究合作平台,促进银行与信托、基金、期货等金融机构的同业合作,在金融市场、信息科技、财富管理等一系列方面加强合作,促进成果资源共享。

第二,人才交流。我们希望上海金融与发展实验室能够发挥牵头作用,引进一些高端人才,和我们一起交流。

第三,实证实践。商业银行都在转型,特别是在长三角区域,银行有以下三个主要转型方向。一是全渠道、全业务、全流程的数字化转型问题。数字化转型立足于金融科技，上海金融与发展实验室就有这样一个研究方向。目前各家银行都在探索，但没有找到一个非常好的路径，都在摸索过程当中。如果能有研究成果应用到这方面，可以有利于银行尽快找到转型路径。二是以支付结算为依托的直销银行、移动金融、交易银行再造问题。中国银行业原来可以做很多业务，对支付结算重视程度不够。现在银行最重要的就是账款账户管理。以账户管理为依托的交易类业务将是很重要的发展方向。在这方面，支付结算是重要的基础设施，但如何应用于银行体系还需要研究。三是以平台化、智能化为支撑的个人财富管理和私人银行问题。随着中国经济的发展，这一部分客群是很好的服务对象。但是仅依托银行自身，很难满足这些客户的需求。所以要搭建同业合作平台，共同把私人银行业务做好。

拓展金融中心的广度、深度和市场承载度

陆文山　上海期货交易所监事长

上海建设国际金融中心，金融、证券、期货等要素市场建设，要实现从"多"到"优"、从"大"到"强"的飞跃。

很荣幸受邀参加今天"上海金融与发展实验室"的揭牌仪式。刚才,全国政协委员屠光绍先生、吴清副市长和李扬理事长,对国家金融与发展实验室落户上海均做了热情洋溢的讲话。几位领导和嘉宾昨天(2019年7月20日)参加了上海市政府有关上海自贸区扩区的座谈会,明天(7月22日)又将共同迎接一个重要的历史时刻——科创板首批25家企业集中在上海证交所上市的开市仪式。恰恰是在两件大事之间,今天(7月21日)我们共同见证了上海金融与发展实验室的落成和揭牌。有理由相信,上海重视软环境建设的这一步,必将成为上海国际金融中心建设过程中的一个标志性事件,我个人认为意义非凡!我们也共同期待着,地处"帝都"的国家金融与发展实验室,与地处"魔都"的上海金融与发展实验室,必将南北互动、争奇斗艳、相得益彰!

研讨会聚焦"中国金融改革与上海国际金融中心建设",议题跨度很大,但也可落细、落小。它涉及理念问题、制度体制机制问题,也涉及对新业态、新事物与新科技对金融挑战的认知问题。我讲两个亲身的事例,再谈些体会。2019年7月初,我到瑞典北部城市于默奥大学(Umeå University)参加WFE(世界证券交易所联合会)两年一度的科技年会,年会主要聚焦金融与科技的关系问题。历时两天的会议讨论了科技对当代金融的挑战、金融发展如何拥抱科技、科技金融又如何在基本的金融监管框架下有序运行等议题。其时恰遇

Facebook在全球宣布要推出加密货币Libra，这同样引发了与会金融科技精英们的热议和精彩纷呈的讨论，会场内外热闹非凡。科技渗透金融，已是势不可当。金融界如何更好地认知与面对？着眼科技金融还是金融科技？金融面临的机遇与挑战，已是前所未有，其实，未来已来！这一切，均是中国金融深化结构性改革和上海金融市场建设亟须深入讨论的问题。科技渗透金融和金融拥抱科技，已是无法回避和必须积极应对的事情。传统金融和传统思维无时无刻不在经受着一次次愈来愈强烈的震惊与震撼！

传统金融也有一个如何提质增效和更好地服务于社会和实体经济的发展问题。

我曾到上海期货交易所帮扶的国家级贫困县安徽省安庆市太湖县调研精准扶贫。那里属大别山区的皖西南，与湖北接壤，虽山清水秀，但崇山峻岭，虽"鸡犬相闻"，但"老死难以往来"，大山深处交通极其不便，山路弯弯，进出尤为艰辛。因此，虽有自然禀赋，却形成不了优势产业。实地走访的感受是，精准扶贫重在真正使其脱贫，因此不应该仅仅停留在"输血"式的帮困，更需要因地制宜、因势利导地促其可持续发展，要将过往的外部"输血"向使其具有"造血"功能转变，为此除物质上的帮困外，更应在转变其认知、理念和技能上帮扶，要帮助其利用当地资源，形成自我良性循环发展的能力。扶贫一定要沉下去，结合当地的生态环境、产业特征形成特色产业。金融扶贫更可以利用现代科技金融和现代金融服务，例如结合资本市场扶持现代农业，以及使标准化或定制化商品期货与现货对接，以防范经营风险、优化产业供应链管理与供应链金融，提升金融扶贫和服务实体经济的适配性。

金融发展到今天，无论是金融科技还是科技金融，都要牢牢把握金融的本原与初心，只有扎根于实体经济沃土的金融，才具有可持续发展的生命力。"经济是肌体，金融是血脉"，无论金融如何创新，也无论金融如何与科技融合，均要防止脱离实体经济的"空转"现象。

刚才，各位领导和专家学者在有限时间里进行了无限拓展，既就有关浦东自贸区拓展的国家政策进行了研讨，也预祝了明天（2019年7月22日）科创板开市大吉，而今天（7月21日），国家金融与发展实验室落户上海，它延续了昨天，也延伸至了明天，因此，今天的实验室落户和研讨会安排，尤为奇妙，令人无限遐想。

今天会议的主题不仅仅是大跨度，而且是大主题，既论"中国金融改革"，又论"上海金融中心建设"。20世纪90年代初，我离开大学教研岗位进入上海证交所工作，后"北漂"十年从事证券监管工作，2018年调入上海期货交易所。限于时间，我再围绕今天的主题谈几点想法。经过40年的改革和资本市场30年的发展，当代金融与金融市场建设需要怎样的突破，传统金融和早已习惯了的监管思维又需要怎样的调整？众所周知，我国金融发展与市场建设，一直以来是按条块设置和分别管理的，市场分割与碎片化管理问题仍很明显。现阶段仍在处理的场外市场清理与P2P乱象等即是例证。或监管真空或监管套利，或条线分割难以形成合力，难以提升服务实体经济的整体优势。这或许就是金融供给侧结构性改革需要努力解决的问题。金融如何强身健体，如何更好地为国家发展战略服务、为实体经济做优做强服务，这既是顶层设计和全局性的事，也是上海的事。在法律制度层面，要有全局性统筹；在体制机制层面，要有整体性优化；在市场建设方面，要推进市场化、法治化、国际化步伐。就上海而言，上海国际金融中心建设，也涉及理念更新和体制机制优化问题，涉及要素市场资源优化整合的问题。就上海要素市场而言，形态上是多了、市场也逐步做大了。但多了是否代表优了，大了是否就是强了？国际金融中心建成的标志是什么？如何建成一个"规范、透明、开放、有活力、有韧性"的市场？所有这些，需要我们在新的形势下进一步优化标准、对标、达标、夺标。上海作为全国要素市场最为集聚的城市，体现了金融中心建设的基本条件，其取得的成绩是有目共睹的。但在进一步提升国际金融中心地位方面，还需要花大力气把上海要素市场的"多"变成"优"、"大"变成"强"。目前上海要素市场虽然"多"，但是比较"散"，甚至是一品种一市场；再就是"大"而不"强"，且呈现的是浅层次市场和单边市场，其承载力不强，作为金融中心，各要素市场之间的联动不够，整体的市场资源配置效能有待提高。

纵观全球市场，尤其是后起的金融中心，单品种要素市场具有可持续核心竞争力的不多。为了更具有核心竞争力，港交所、新加坡交易所、日本交易所集团、德交所集团和美国期货市场的翘楚CME集团，纷纷建立起了多元化市场体系，体现了业务集约化发展的思路。

因此，上海在建设国际金融中心进程中，可以考虑如何进一步优化上海要素市场布局的问题。我有一个不成熟的建议是，上海在继续争取拓展增量的同时，是否可以考虑协调对存量市场的资源予以优化配置？当然这涉及上下左右的方方面面，绝非易事，但上海层面可以积极研究并适时适度推进。例如，是否可以考虑将交易所场内市场一套已行之有效的运行机制和管理经验借鉴引入场外市场建设中，使其更规范有序发展。从进一步服务实体经济考虑，也可鼓励场内标准化期货合约市场，通过一定的方式与场外个性化、定制化产品对接，即业界所谓的期现对接。上海要考虑将多而分散的各要素市场适当优化整合形成合力，以提升上海要素市场的集聚能力、全要素市场的综合服务能力、风险防控能力等。一句话，要形成具有全球影响力的资源配置中心、定价中心、风险管理中心，就需要有一个运行更为有效的、功能更为齐备的全要素市场。如果这些工作做充分、做好了，可起事半功倍之效。这也是提升金融中心核心竞争力，有效拓展金融中心的广度和深度，提升市场承载度的一个选项。

提升上海要素市场的国际竞争力，需要国际视野战略眼光谋划未来。我们可以推进落实沪港通、沪伦通，上海各要素市场之间可否尝试沪沪通，如适宜的产品互挂、结算互通、支付互通呢？起码从服务实体经济角度出发，是件好事。这也有利于上海在交易中心之外，建立起清算中心与支付中心。上海要素市场之间的适度优化组合，既有利于提升各市场参与主体的运行效率和资源统筹能力，也便于形成全市场的大数据统计与分析，为市场系统性风险防控和决策提供更翔实的市场数据。

金融供给侧结构性改革、金融发展和国际金融中心建设，都不能离开金融初衷、脱离现实经济而空转。金融不仅仅是金融业的金融，也不仅仅是金融圈的金融，习近平总书记更精辟地指出，经济是肌体、金融是血脉。金融是为实体经济、为国民经济更好发展服务的。围绕金融发展与金融市场建设，有关的市场基础性制度建设也要不忘初心、回归市场本原。资本市场30年来的一路发展，也确实需要我们检视、评估和反思。中国证监会易会满主席提出了"四个敬畏"，那么，如何遵循市场本原性、规律性、机理性的东西呢？这就要加强市场基础性制度建设，由此，基本原理和基础法律关系要理顺，这对我们来讲，任务艰巨，而这些基础性工作，宜早不宜迟。我举两个在市场耳熟能详的业务谈认知的重要性，抛砖引玉。

一是如何定义"发行"？它属于什么性质的行为，由此应该如何对其进行规制。认知不同，制度规范也不同。一直以来，新股发行的政策变化，无不受认知的影响。

我们知道，融资通常分间接融资和直接融资两大类。我们也知道，间接融资由借贷双方自我协商即可，哪怕是上百亿元的银团贷款，银行自我审核同意就可放款，不需要政府相关机构的审核把关。为何到了股票发行环节，就需要公权力介入，或核准或注册呢？发行及其注册，到底是什么性质的行为？我个人认为，发行类似于银行借贷，本质上就是一种融资行为，涉及的是投融资双方的权利义务关系，是民商事活动中民商事主体正常的经营需求和投资活动，因此，本质上属于民商事法规范的内容。之所以要公权力介入，大概有三个方面的原因，即（证券公开）发行的涉众性、投融资双方信息的不对称性、证券的虚拟性。因此，为保护投资者，用立法的形式制定发行证券信息披露基本要求，以及对违反者的惩戒制度。从各国立法实践看，证券立法本质上是强制信息披露义务的法案，世界上主要的国家证券立法，其实就是反欺诈发行法以及责任追究法。从这个角度看的话，它本质上不应该是一部行政许可立法。我们目前正在修订中的《证券法》，理念上是否可以做适当调整？其实，无论是《证券法》还是《公司法》，均需要澄清相关理念和定义。一直以来，两部法律对发行（公募与私募、首次公开发行与存量股份发行），股份公司、公众公司与上市公司及其信息披露、持续信息披露、退市等的界定与区分，仍不十分清晰。而且，发行与上市，是两个不同范畴的概念。发行可以不上市。符合条件的公众公司，不发行也可申请挂牌上市。规制公开发行，是强制信息披露业务人的责任与要求。上市是由上市主体与交易所签订上市协议，并交纳上市费，是合同关系，解决的是股份或股票的流动问题，公开市场效率更高些，协议转让也不禁止。上市时，双方就可能的退市达成了协议，根据协议和上市规则，或主动退市，或被动退市。因此，发行是一级市场的事，上市是二级流通市场的事，由此法律规制也应不同。

二是对期货市场的看法。很多人认为，期货市场是零和游戏，我不这么认为。上海期货交易所在积极推动期货与衍生品市场的发展，并积极研究期货与现货的对接，以便更好地服务实体经济。据统计，上海期货交易所有色、黑色、能源期货对应的产业，其产值和贸易额已超过 20 万亿元，假设每年价格有 20% 的波动，则有 4 万亿元左右的价格风险需要管理或对冲。这种风险管理，是可以实实在在为企业服务的。因此，仅限场内对手方之间的交易而得出零和游戏，是一种误读。

相信，随着认知理念的提升，上海国际金融中心建设可以更好地扬帆远航。我们要在注重硬环境建设的同时，注重软环境建设。基于此，是否可以增加这样一个研究，叫"金融法治与营商环境的优化完善研究",关于上海营商环境如何打造,金融营商环境、金融法治环境如何进一步完善,如何从立法、执法、司法、守法诸方面协同推进,这些又是值得研究的课题。祝愿上海金融与发展实验室和上海金融中心建设同成长!

探索产权市场发展需要更多基础研究

纪康文　上海联合产权交易所副总裁

产权市场是中国特色的方案,但也受到种种制约。在探索产权市场发展路径中,需要更多的基础研究和创新思维。

我今天借此机会讲以下三点内容。

首先，祝贺上海金融与发展实验室正式挂牌。作为国家金融与发展实验室在上海落地运营的实体机构，实验室高起点、大格局、宽视野，相信在李扬教授的带领下，在中国社会科学院、上海市政府的大力支持下，一定能够通过高质量、专业化、前瞻性的研究，为中国金融改革和上海国际金融中心建设做出贡献。

其次，介绍一下上海联合产权交易所。大家可能还不是很熟悉上海联合产权交易所，我简单地跟大家报告一下我们是谁，我们是做什么的。上海联交所作为上海国际金融中心建设的重要参与者，是以国有产权交易为主的交易平台，每年交易量与宗数名列前茅。经过多年发展，我们正以上海作为出发点走向全国，从企业产权交易向金融产权交易拓展，从有形资产交易向无形资产交易拓展，从以国有为主向非国有领域拓展。同时，我们也承担了一些重磅级国家交易平台建设。2017年以来，我们负责承接了国家知识产权运营平台，2019年5月正式运营；配合国家有关部委牵头组建中国碳排放交易平台，预计2020年运行。从资本市场角度来看，上海联交所目前发展虽然碰到了瓶颈，但还有很大提升空间，上海市委书记李强2017年底来我所调研时，对我们提出"做大规模，打响品牌"的新的目标任务。为此，我们正在着力推进以金融产权流转为重点的创新类业务的发展，初步形成了包含银行业信贷资产流转服务、供应链金融服务、园区中小企业投融资服务、PPP资产交易服务、融资租赁资产流转服务、跨境并购融资服务等在内的业务体系。

最后，在探索产权市场发展路径中，我们经常感觉到需要更多的基础研究和创新思维。产权市场是中国特色的方案，但也受到种种制约。今天上海金融与发展实验室成立，尤其让我们感受到基础研究与创新思维的重要性。

借此机会，我们提出三点建议，看看与实验室能否有合作的机会。

第一，非标市场在上海金融中心建设中如何发挥作用。非标市场大家一直在用，但是对怎么用不是很清楚，我们也没有很好地进行探索。非标市场和要素市场如何联动来推动上海金融中心建设？尤其是怎么在世界资本市场上谋取更大的话语权？

第二，探索非标市场怎么服务上海成为全球资管中心。我们2018年做银行业特殊资产交易，在这个领域名列前茅，并与清华大学在特殊资产的价格发现、信息披露、交易便利性等方面进行合作探索。今天看到实验室下有个特殊资产研究中心，我觉得我们有合作探索的空间，尤其是现在特殊资产对外资吸引力越来越大，有关外资购买中国境内资产的便利性的研究，我们是可以共同探索的。

第三，长三角一体化中非标市场如何成为试验田。长三角中小企业这么发达，融资难、融资贵的问题为什么没有解决？产品这么丰富，金融机构、金融要素这么多，这些问题为什么还存在？实际上都是方法论的问题。刚才几位领导提到，精准服务很重要，怎么个精准法，我们也在探索实践中，但迫切需要理论方法的指导，期待着李扬教授以及实验室能够从这三个方面，帮助我们一起突破，一起取得更好的成效。

再一次祝贺上海金融与发展实验室在上海落户，也预祝本次研讨会圆满成功！

金融科技是金融供给侧改革的重要组成部分

梁世栋　蚂蚁金服副总裁

数字时代是我们面临的最大机遇，这个时代最大的风险是错失机会的风险。技术发展虽然带来不确定性，但金融科技在监管领域的应用可以"以科技对科技"管理风险。

金融供给侧改革包括三个方面——供给的数量、结构和效率。从金融角度来看，数量上是多而不是少，所以谈去杠杆的问题。从结构上来看和数量也有关系，多是指总量多，结构上有一些部门少而有一些部门多，往往是民营、中小企业少，长尾人群和边远地区享受的金融服务少。这个问题对应的是机构类型的不平衡，服务这些部门的金融机构很少，如民营银行、中小社区金融机构。前面几位领导也讲到，金融市场不平衡、直接与间接的融资结构不平衡，此外还包括金融机构产品的同质化，往往有一个新的东西就会一哄而上。如何从供给侧结构性改革层面解决这个问题？根据李扬老师的文章，有两个方面，一是制度变化，优化金融生产要素资源配置；二是效率的改进，我们经常说从发展当中解决问题，随着效率的变化，一些结构也许会得到调整。

从全要素生产率的角度来说，效率的提升本质上是技术的进步。回顾历史，以支付行业为例，科技的发展提升了资金及价值转移的流动效率。17世纪金融以服务大型跨国公司为主；19世纪电力产生，支付体系化、规模化，金融开始以服务企业客户为主；在20世纪中叶的信息时代，计算机和电话网络普及，支付个人化、全球化，金融以服务中高收入人群为主；在21世纪数字时代，以移动互联和云计算等为代表，移动支付更大幅度地提高效率并降低成本，惠及长尾客户。

大家会问科技发展周期比较长，跟当下有什么关系。其实可以看到其时间轴越来越短，从 17 世纪到 19 世纪是 200 年，信息时代到数字时代只有 50 年时间。从长周期看整个科技的发展，就是几百年的过程，整体上呈现加速的、指数级增长。原来说"摩尔定律"不太实用，但目前还没有看到尽头，每 18~24 个月，存储和计算能效翻番，成本减半，大家现在用的手机其计算能力远远超过 20 年前 IMB 最强的"深蓝"计算机。所以现在是伟大的时代，是充满机会的时代，技术将发挥深刻的、革命性的作用。

不仅仅是展望未来，现实也已经看到了很多变化。以移动支付为例，科技公司和金融机构强强联合，帮助缩短地区差距。以往经济的发展和人口的分布过不了"胡焕庸线"，2011 年移动支付刚刚发展时，东西部移动支付覆盖率之比是 1.29：1，2018 年这个比例接近于 1：1，因为互联网的新金融模式没有地域边界，直接下沉服务所有长尾老百姓，所以能够保证所有地区的百姓都可以得到相同的普惠服务。在这个基础之下，未来不限于移动支付，很多金融服务都可以取得这样的效果。

我并不赞同"蚂蚁金服是金融科技企业、银行是传统金融机构"这种观点。科技一直在改变金融行业，我的理解是"金融科技"这个说法未来会消失，金融科技是整个金融业利用科技或者是科技改变金融业态的一个过程，在这个改变过程当中金融的一些具体业务模式可能会发生变化，但金融的本质不会变化。实际上许多非金融科技型公司也在探索，如建设银行在无人网点应用AR/VR、生物识别等技术，以及各行对智能投顾的应用，所以金融科技是共同探索的一个过程。

什么技术在未来会改变金融业态？我们总结是"BASIC"——区块链（Blockchain）、人工智能（AI）、安全（Security）、物联网（IoT）、云计算（Cloud Computing）。技术的发展有一个逻辑，一开始认知较少，然后发展很快，会有一个泡沫化的过程，直到泡沫期慢慢沉淀下来、发挥实际作用。互联网、移动互联经历了这个过程。这里面人工智能、安全、云计算基本上过了泡沫期，进入了实际应用发挥作用阶段。前一段时间大家对于人工智能讨论很多，比如是不是会替代人类，感觉不讨论人工智能就落伍了。我认为现在区块链从泡沫时期开始往下走，被应用于很多场景，包括一些伪场景，各种各样的币等，产生了很多问题，但是其背后的技术与沉淀下来的作用，我们自己有很多探索。物联网之前也很热但实际没有很好地应用，随着5G时代到来，物联网可以轻量、长时间、高频、高速地链接，也会有蓬勃的发展。这些对于金融来说，本质上是重构信用机制、提升信息获取及分析效率、降低信息不对称。

关于技术，我想就蚂蚁金服的实践做一些简单的介绍。我们在支付行业服务了7亿多用户，支付宝看似简单，但背后的技术是人工智能、安全和云计算，如果没有这些技术的支撑，也做不到今天的成绩。

首先，云计算能力，"双十一"每秒交易峰值达到25.6万笔，当然每笔交易会有更多的计算。其次，当我们"7×24小时"面对海量用户时，如何保障账户安全、资金安全、系统安全？如何不被黑客攻击？如何反欺诈和反盗用？这里面人工智能和安全技术起到决定性作用。如果只有计算能力，没有安全能力和人工智能，也没有办法服务好这么多用户。服务中小企业方面，蚂蚁金服联合各类金融机构，现在已服务1700万小微商家，采用"310模式"——3分钟申请，1秒钟审批，0人工干预。为什么以前金融机构不做？因为每一笔成本太高，做下来收入覆盖不了成本。之所以现在做了，是因为技术的发展提高了效率、降低了成本，所以户均贷款余额可以做到3万元。包括理财也是门槛降低，1元钱也可以理财。再有前一段时间很热的相互宝，得到了一些保险业界人士的肯定，有7000万的用户。

我们的区块链部门整体落在上海，也是响应上海国际金融中心建设号召，吸引了大量区块链人才。目前我们专利数量全球第一，"长三角一体化"相关的应用是司法立案，知识产权诉讼前调解成功率上升了近100%，50%的调节当天就完成，在提高诉讼和调解效率、推动市场公开方面发挥了重要作用。除了区块链方面的应用以外，还有轨道交通"通票"，现在长三角区域的7个城市，上海、杭州、南京、合肥、宁波、温州、苏州，人们用支付宝一扫就可以通行。长三角整体的"一网通办"现在还在进程当中，希望形成长三角区域而不是一个省的"一网通办"。还有全球化以及智能科技输出,支付宝也是落地上海,通过技术附能,我们服务9个本地钱包、10亿全球用户,所以对于技术的分享和输出,不仅仅限于国内金融机构。

技术带来不确定性,不确定性就是风险。展开来看,技术的发展尤其是金融科技发展确实给监管带来挑战,互联网是没有地域的,而我们的监管模式是分区域管理的;科技的发展可能是轻资本的,但是整个金融监管是资本向下的;还有科技往往是快速迭代的,我们的监管更多要人力去沉淀。所以这方面的建议是,以科技对科技,来管理好风险。有一个词是 RegTech,我理解它有两个含义,一个是 Comptech 合规科技,还有一个是 Suptech 监管科技,这两端都可以应用。刚才说的 BASIC 技术,一方面可应用于金融机构,如合规自查、数据安全、智能报送以及内部风险管理等;另一方面可用于监管机构,如整体态势感知、舆情监控、风险检测、企业画像分析、数据体系构建等。很荣幸这些技术服务了多个省级市级的金融办和监管机构,对于科创板前期我们也贡献了一些技术力量。

数字时代是我们面临的最大机遇,这个时代最大的风险是错失机会的风险,有风险我们通过技术管理好,所以蚂蚁金服真诚地希望可以和监管机构、金融机构携手共行,促进技术和金融深度融合,提升金融供给侧改革科技含量,提效降本,打造核心竞争力。

5G 场景下的金融科技发展趋势

黄润中　平安集团金融壹账通监事长

5G 的到来及 ICT 技术的不断迭代，将给金融科技带来颠覆性的变革。高带宽、高速度和低延时的技术特性，将有利于金融机构更快提升市场效率，更精准匹配金融供需，更好地满足客户需求。

盛夏时节，申城处处涌动着改革创新的激情与活力！感谢国家金融与发展实验室、上海金融与发展实验室的邀请！恭喜上海金融与发展实验室落地上海，也十分高兴能够代表平安集团金融壹账通参加本次研讨会！

我将结合论坛的主题和当前金融科技发展的趋势、平安集团金融壹账通的实践，和各位分享一些我个人不成熟的思考，供大家参考。我的主要观点是：随着 5G 的到来及 ICT 技术的不断迭代，金融科技将取得颠覆性的突破，从而将更快提升市场的效率，更精准匹配金融供需，为客户、消费者和大众创造更好的价值，助力经济社会高质量发展。

一、5G 的应用将对金融行业产生深远的甚至是颠覆性影响

（一）云服务普及：金融机构云化提速

《金融行业云计算调查报告（2018 年）》显示，目前国内共有 62000 家金融和类金融机构，上云比例仅为 41%，仍然较低，云需求缺口较大。5G 场景下，高带宽、高速度和低时延的技术特性进一步提升云端的服务能力，安全的、高性价比的云化是现实需要，更是未来趋势，云计算、云服务将更加普及。据测算，云化产品成本可下降 40%。

（二）客户体验优越：速度和质量超乎想象

5G 技术应用后，更宽的带宽和更快的速度大大将缩短交易时间和操作延迟时间，移动端的金融服务水平、客户体验的速度和质量都将得到提升；客户将通过可穿戴设备实时共享数据，用户身份验证将更便捷、更准确、更安全。

此外，还能在一定程度上缩小物理距离对客户获取金融服务的限制。例如，客户通过高清视频和 VR/AR 等技术，无须前往银行网点即可获得基于 AI 的个人银行服务。

还有，随着数字经济的发展和物联网的普及，大量物品特征将会数字化，用户可借助互联设备管理拥有的实体资产。

（三）产品和服务差异化：实现按需供给

5G 使得金融科技可以广泛应用，从而使得金融服务融入客户生活的方方面面，产生大量的客户数据。金融机构可以根据这些数据设计和提供新的产品和服务，实现千人千面的差异化定制。如在保险领域，保险公司依据更准确、实时的数据，可以提供采取 UBI 模式（Usage Based Insurance，即基于使用量的保险）的汽车保险、基于物品传感器的财产保险、基于可穿戴设备的人身保险等险种。

还有，金融机构可以通过用户喜欢的渠道提供服务。许多大家熟悉的业务，如支付，将延伸到新渠道、新形式，包括 5G 智能手机、可穿戴设备、物联网设备和虚拟现实装备。金融服务将实现无时不在、无处不在、无感存在，真正实现按需供给。令人欣喜的是，国内已有部分银行（见表 1）正在尝试应用 5G 技术来改进服务，围绕客户需求提供差异化产品和服务。

表 1　国内部分银行 5G 应用情况

银行	时间	应用内容
中国建设银行	2018 年 3 月	以 5G 网络为依托，推动在骨干网络技术演进、机房无人巡检、钞箱运输路径监控等方面与服务商开展合作
	2019 年 7 月	在北京打造的 3 家"5G + 智能"银行正式对外营业
中国银行	2019 年 3 月	打造 5G 联合创新应用实验室，在智慧网点、数字金融、物联网、智能数据等多方面拓展合作空间
	2019 年 5 月	在北京推出首家深度融合 5G 元素和生活场景的智能网点
中国工商银行	2019 年 4 月	首个基于 5G 网络的营业网点落地北京，实现了网点业务通过高速 5G 网络承载
	2019 年 6 月	在江苏省苏州市正式推出基于 5G 应用的新型智慧网点
交通银行	2019 年 4 月	与服务商在通信基础业务、大数据、物联网等领域开展合作
招商银行	2019 年 5 月	推出西南地区首次 5G 智慧金融体验，尝试探索 5G 网络和银行业金融场景融合

续表

银行	时间	应用内容
中国民生银行	2019年6月	产融合作，支持闻泰通讯5G智能终端研发制造
江苏银行	2019年5月	联合服务商成立5G创新实验室，利用5G技术打造"云投顾"服务
浦发银行	2019年5月	在上海张江推出"5G+智慧银行"网点，推出当天完成了5G网络环境下首笔银行卡开卡业务

注：根据公开资料整理。

（四）风控更加实时有效：数据维度更广、可信度更高

金融的核心是信用，信用的关键是风控。5G技术的普及，可以逐步支撑万物互联时代，物联设备传感器实时收集信息，金融机构可以获得维度更广、可信度更高的信用评级数据。通过对实时、海量、多态、相互关联的物品数据进行分析，金融机构可以识别企业或个人的关键属性，追踪他们的行为特征，掌握企业或个人的实时资产状态，开展更加有效的风险监控和全流程监测，金融机构信用评估和风险监控水平将有质的飞跃。

（五）商业模式演进：物联网金融得到发展

根据Gartner估计，2020年将出现超过250亿个联网设备，思

科执行官 John Chambers 推测 5 年内全球物联网的商机将有 19 兆美元规模。到 2019 年底，预计全球将有 2.25 亿台可穿戴设备和联网设备上市，较 2018 年增长 26%。

5G 技术将促进物联网和金融的深度融合，使得金融能够依托物联网技术提升服务体验，降低运营成本，实现资金流、信息流、实体流三流合一，由此将产生一种新的业态——物联网金融（见表 2）。

物联网金融通过海量的、客观的、全面的数据建立起相对客观的信用体系，风险管控的可靠性和效率得到大幅提升，基于此将产生更好的业务模式。银行、证券、保险、租赁、投资等众多金融领域的原有的业务痛点将得以解决，改进的或全新的业务模式将出现。比如，据有关机构初步测算，银行开展线上物联网动产质押融资业务将提高信贷管理效率 4~5 倍，人均成本比传统动产质押融资业务降低 70%~80%，综合成本较市场同类型产品低 20%。此外，若将差异化定价与物联网金融相融合，银行利润将大幅提升。

表 2　互联网金融与物联网金融的比较

类别	互联网金融	物联网金融
相同之处	都是建立在互联网基础之上，都具有互联网金融"开放、协作、分享"的基因，较之传统金融业务具备透明度更强、参与度更高、协作性更好、交易成本更低、操作更便捷等一系列特征	

续表

类别		互联网金融	物联网金融
不同之处	本质属性	源于虚拟经济高速增长到一定规模后驱动的金融创新发展，本质上是服务于虚拟经济的新型金融业态。主要基于第三产业，以消费领域为主	是始终面向实体经济、服务实体经济的新型金融业态，覆盖三个产业所有客户
	运行机制	侧重"人—人"的联系。产品和服务同质化、高度标准化	侧重"人—物—人"的联系。定制化，可实现同类产品的价值分层
	影响程度	创新的是业务技术和经营方式，并未超越现有金融体系的范畴	变革金融的支付体系、信用体系、服务体系等，带来现有金融体系的升华
	风险控制	信息流和资金流二流合一，缺乏对实体企业的有效掌握	资金流、信息流和实体流三流合一，彻底解决信息不对称
	成本影响	主要缩短流通环节，降低流通成本	嵌入全产业链，全面降低成本

注：根据《物联网金融概论》（范永霞主编）、方正证券研报整理。

（六）加速开放银行落地：建立更开放的生态圈

近期，开放银行是一个热点。开放银行的本质是以客户为中心共享信息，从而提高金融产品与服务供给的效率及质量，满足客户向往美好生活的需求。数字化信息通过5G技术不断交互传输，将不同属性的碎片化信息整合成客户完整的数字身份。而数字身份的应用将最大化释放用户数据价值，金融机构以海量用户数据、开放API技术平台为基础，可建立数字化开放生态圈、金融开放平台。

2018 年以来，越来越多的国内大型银行开始积极布局开放银行，以客户为中心，以生态场景为触点，通过与第三方共享数据、场景融合、联合创新，不断满足客户需求。部分银行进行开放银行探索的情况见表 3。

表 3 国内部分银行开放银行情况

银行	时间	举措
中国银行	2013 年	2012 年提出概念，2013 年上线产品。开放了 1600 多个接口，涉及跨国金融、代收代付、移动支付，以及地图服务、网点查询、汇率牌价等服务
平安银行	2017 年	推出能力开放平台，帮助开发者、服务商、渠道商提供业务需要的各种能力及服务接口，致力于为开发者提供支付、理财、信用、安全、营销等方面的各类解决方案
中国工商银行	2018 年	2018 年 4 月上线 API 开放平台，提供 9 大类 610 项 API 服务，实现账户、支付、投资理财等产品和服务标准化封装输出
中国建设银行	2018 年	2018 年 8 月，推出开放银行管理平台，涵盖账户管理、支付结算、信用卡、投资理财、贷款服务、生活服务、直销银行等
浦发银行	2018 年	发布 API 无界开放银行，将能力输出后嵌入合作伙伴的平台和业务中。截至 2018 年底，共计发布了 230 个 API 服务，与 86 家合作方应用对接，服务逾 800 万用户
招商银行	2018 年	2018 年 9 月，迭代发布招商银行 APP7.0、掌上生活 APP7.0，由卡片经营全面转向 APP 经营，开放用户和支付体系
兴业银行	2018 年	依托兴业数金开放银行平台，在 2018 年上半年引入了 16.75 万个场景端客户，各类创新产品实现交易 5570 万笔

注：根据公开资料整理。

目前，虽然银行数字化转型成为行业必然趋势，但仍有部分银行因为缺乏理念支援、人才队伍、资本投入和专业技术等，无法实现先进的分布式计算架构、无法承受高昂的人工智能成本。5G 的到来，将打破传统垂直领域封闭式的网络架构。利用开源技术，以较低成本迅速占领市场，完成技术创新和业务发展，推动生态合作将是未来金融行业的一大趋势。

（七）监管更精准、高效：监管科技敏捷创新

从规治导向、严监管、重合规的层面来看，金融科技将帮助金融机构建立起高效、智能的风险识别、交易监控、数据报送、政策跟踪、测试等机制，助力金融机构避免违规行为，降低合规成本。从以防范风险为本的监管来看，金融科技将进一步助力监管机构提高识别风险并自动化预警及防控能力，提升监管效率，防范金融风险，促进行业发展。

二、5G 的应用使金融科技的价值不断彰显

5G 的应用普及使金融科技的价值更加彰显，主要体现在以下几个方面。

一是助力实体经济补短板。通过金融科技手段，发展普惠金融，加大精准服务力度，降低融资成本，促进产融结合，形成金融活水与

实体经济良性循环，保障经济社会健康可持续发展。

二是助力金融机构提能力。通过促进金融机构业务开拓、改善资产质量、加强风险控制、提升合规经营等能力，提高金融机构和广大企业的发展水平。

三是助力监管机构控风险。精准治理金融乱象，加强穿透监管，促进经济社会高质量发展。

四是助力客户服务增价值。通过金融科技的迭代，精准洞悉用户的需求，为客户提供便捷、全面的综合金融服务。

五是助力社会生态扩圈层。随着金融机构的不断开放，金融科技将支撑社会各行业互联互通，金融机构将不断提升客户黏性，社会生态圈将扩展、重构，驱动更多的创新服务。

当前，金融机构面临业务模式转型、盈利模式重塑、管理模式优化和核心系统升级的深刻变化。平安金融壹账通是中国领先的面向金融机构的科技服务云平台，依托平安集团30余年金融行业的丰富经验，精准把握金融机构需求，通过独特的"科技+业务"双赋能模式，为3000多家银行、证券、保险、投资等金融机构和类金融机构提供端到端的服务。概括起来，平安金融壹账通将应用先进的金融科技，从以下五个方面赋能，助力金融机构转型发展。

第一，核心云赋能。通过低成本、安全性价比高的云，助力金融机构互联网核心系统展开云部署、云托管、云交付，实现线上化经营、数字化转型；助力其他类型金融机构部署、交付、运维，扩大市场规模。

第二，整体业务模式赋能。提供端到端整体业务模式，推动行业转型变革。

第三，智慧经营管理赋能。构建机构整体智慧经营解决方案，搭建开放合作生态圈。

第四，监管科技赋能。协助监管机构提升监管效率、降低合规成本、降低风险隐患。

第五，平台服务赋能。探索规模化的平台化和纯平台模式，实现客户、数据、服务、技术、金融的结合，为客户创造更大更好的价值。

5G 的应用是对金融机构的新挑战，也给它们带来了新机遇。作为金融供给侧结构性改革的坚定践行者，金融壹账通在 5G 时代将通过先进的金融科技帮助金融机构优化资产结构、管控金融风险，提升金融资源配置的效率，在云赋能、业务赋能、经营管理赋能、监管科技赋能和平台服务赋能五大方面持续为中国金融机构输送能量，为中国金融业创造价值。

资金推动型企业的困境与出路

黄金老　上海金融与发展实验室副理事长、
　　　　江苏苏宁银行董事长

受金融政策及环境的冲击，债务紧缩时间较长。资金特定企业的问题，更多的是偿付能力问题，不是流动性问题。

中国企业盈利能力低，目前绝大部分金融问题都是由此导致的，"融资难、融资贵"的问题皆与此有关。数据表明，在近3700家上市公司中，2018年度净利润超过15亿元的公司只有304家，78%的企业盈利在5亿元以下。很多企业由于盈利能力较低，又要谋求发展，所以，转变为资金推动型企业。可以说，目前企业的发展是通过债务，而不是通过盈利积累，也不是通过外来资本的注入，因此企业负债率越来越高，很多企业筹资型现金流远远大于经营型现金流。在实践中，企业发展的四个利益相关方——国家、职工、债权人、企业股东，前三者均有丰厚回报，而企业股东却因盈利较低而无较好的回报。国家很强，不断办大事、办大会，职工不断买房买车，银行、信托业也繁荣发展，但恰恰是资本市场未能繁荣发展，因为在这个利益关系里面，资本市场的受益是最少的。

近年来融资紧缩，社会融资规模持续下滑，多个融资渠道收窄，不能很好地发展，部分大型企业爆雷，引起债务紧缩；而在金融机构去杠杆的政策背景下，部分经营不良的企业出现资金链断裂；资金供给减少后，部分企业由于恐慌而卖出资产，引起价格崩跌。在金融市场上表现为企业的债务违约，股票市场压低。目前已发生一些区域型风险，部分地区则发生了集中性的企业违约潮。

受金融政策及环境的冲击，债务紧缩时间较长。资金特定企业的问题，更多的是偿付能力问题，而不是流动性问题，近年来发生大型企业爆雷，政府本能反应是在流动性上给予很多支持，从结果来看并未成功，接下来需要一个系统性的方法。由于负债金额很大，仅十几家企业负债总额就有 17000 亿元，目前银行贷款总额是 151 万亿元，这样贷款不良率就会增加一个百分点，如果还有其他潜在债务违约，不良率会上升更多，所以需要一个系统性的方法，包括从个别地区来看，也需要系统的规划。目前主要的应对出路是债务重整，具体包括：一是组建债务管理办公室，强化协调和指导；二是重组债务企业管理层，转移部分控制权，特别是对于一些民营企业；三是设法提供增信，只有增加信用才能保持续贷、继债；四是分离企业资产负债表，保住优质主体；五是出售资产，清理欠账和增加资本金；六是债转股、债转贷和折债、信贷条件重定。

目前的情况，仍然需要一揽子方法，以解决近期债务违约潮。1999 年，中国的产业升级也积累了上万亿元的债务，政府通过国企改革、住房市场化等手段解决了问题，这次可能仍然需要这些方法。

上海国际金融中心的建设步伐正在加快

薛瑞锋　上海金融与发展实验室理事、
　　　　兴业国际信托有限公司总裁

当前，我们所面临的国内外经济形势复杂而严峻，但也更加凸显金融业作为经济发展助推器的核心作用，是金融业发展的重大历史机遇。

习近平总书记在中央经济工作会议上提出"金融是国家重要的核心竞争力",并在中共中央政治局第十三次集体学习时做出"要深化对金融本质和规律的认识,立足中国实际,走出中国特色金融发展之路"的重要部署,这对金融研究工作者来说,既是勉励也是鞭策。当前国家金融改革正处于关键时期,金融理论研究、金融科技研究与金融人才培养等工作也被提到至关重要的位置。此为"天时"。

近年来,随着我国对金融开放领域的逐步拓宽,上海国际金融中心的建设步伐也在加快,上海成为我国金融元素最为丰富与聚集的城市,是外资金融机构在华的主要聚集地,其国际影响力得到迅速提升。自贸区扩容、科创板开板等创新举措在上海落地,更加印证了上海在国家金融改革中的重要地位。此为"地利"。

上海金融与发展实验室是经上海市人民政府批准设立,由上海金融工作局主管,由国家金融与发展实验室理事长、我国著名经济金融专家、中国社会科学院学部委员李扬老师牵头组建,由一大批国内金融、经济学界领军人物与优秀的专家学者组成的民间非营利性高端金融智库。此为"人和"。

上海金融与发展实验室有幸集"天时""地利""人和"应运而生,不过,成立只是发轫之始。未来,我们还需晨兢夕厉、秉持初心,以服务上海国际金融中心建设为战略目标,切实做好中国特色新型智库建设,发挥好思想库、智囊团的作用,致力于服务金融创新和金融人才培养，致力于为金融机构和工商企业提供应用性咨询服务。

当前，我们所面临的国内外经济形势复杂而严峻，但也更加凸显金融业作为经济发展助推器的核心作用，是金融业发展的重大历史机遇。我们坚信，在国家金融与发展实验室的引领下，上海金融与发展实验室将发扬习近平总书记提出的"海纳百川、追求卓越、开明睿智、大气谦和"的上海城市精神，以"立足上海实际，借鉴世界大城市发展经验，着力打造社会主义现代化国际大都市"为目标，与各位同人协心戮力，践行服务实体经济之使命，持续推动上海国际金融中心建设融入长三角一体化国家战略，全力服务扩大开放，共建"一带一路"，为将上海建成人民币金融资产配置中心、人民币金融资产风险管理中心、金融科技中心、优质营商环境中心及金融人才中心的"五个中心"而共尽心力。

第二部分

中国资本市场的开放与发展

资本市场开放将助推上海国际金融中心建设
连　平

紧扣实质补短板建设国际金融中心
乔依德

从资源配置到风险配置
张晓晶

冲击、公司转型与稳定政策
张　平

寻找最有效率的资产风口
刘煜辉

科创板的使命和初心
尹中立

全球金融市场展望
胡志浩

金融强国要如何炼成？
潘英丽

创新"一带一路"投融资方式　促进上海国际金融中心建设
刘晓春

资本市场开放将助推上海国际金融中心建设

连 平　国家金融与发展实验室理事、
　　　　交通银行首席经济学家

资本市场开放是国际金融中心建设的重要组成部分，将对上海建成国际金融中心起到明显的推动作用。

我讨论的主题是资本市场的开放与发展，以及上海国际金融中心的建设。

资本市场开放是金融中心建设非常重要的组成部分，这一点毋庸置疑。金融市场的开放，对于上海作为国际金融中心的建设也意义十分重大。最近，在陆家嘴论坛中，监管部门领导公布了资本市场开放的9个方面举措；金融发展稳定委员会对于金融业对外开放又提出11条举措，其中与资本市场开放有关的部分可以分两大类：有关行业的、有关市场的。在行业方面，主要是取消有关股权和业务方面的限制；在市场方面，则是逐步减少对资金进出上海的限制。

这些举措对于未来上海国际金融中心建设的积极作用是显而易见的。一是外来资金的进入推动市场规模扩大，货币供给会相应增加，对于发展直接融资有好处，尤其是推动整个市场运行效率提高和成本降低，有助于金融中心更好地配置资源。二是开放之后，一定会带来新理念、新业务、新流程，有助于金融创新向更深层次推进。三是所有这些开放以及资本境内外流动都会推动人民币国际化的进程。人民币支付结算、人民币在金融领域的交易、大宗商品定价等，都会得到积极的推进。上海国际金融中心建设的战略目标很明确，要建成与人民币国际化相适应的国际金融中心。四是资本市场的开放将会明显推动金融监管水平进一步提升。

我认为，现在已经不能像过去那样简单地提与国际接轨——好的规则要接轨，不利的规则不一定要接轨。我们需要通过创新，不断推动金融监管水平的提高和制度的完善。但是，与国际上许多案例一样，开放会带来一些问题以及消极影响，有些问题可能会比较突出，例如信息不对称。长期来看，国际市场对于中国经济始终存在非理性预期，对中国经济运行状况有很多误读、误判。资本市场开放以后，国际非理性预期毫无疑问会对我国市场运行产生一定影响，这是我们需要关注的。如何将不利因素降到最低限度，这是监管方需要考虑的。开放之后，更多资本大规模流动，必然会有一些投机资本兴风作浪，市场波动程度会明显增加。随着开放程度的进一步提升，资本流动规模增大且频繁，市场波动幅度加大，系统性金融风险可能趋于上升。这需要长期关注和谨慎防范。

从国家战略来看，应该积极推进资本市场开放。但在此过程中，尤其是今后较长一段时期内，中美博弈进入关键阶段，国际环境会在很大程度上进一步恶化，因此，我们需要保持清醒头脑，采取审慎态度，把握好以下三个方面。

第一，资本市场开放要与资本市场成长相匹配。实事求是地看，中国资本市场由于种种原因长期以来直接融资发展水平欠火候，未来中国资本市场的开放需要把握好节奏，与市场的规模、成熟度很好地匹配起来。只有成为大海，中国资本市场才会比较稳固，经得起更大的风浪。

第二，资本市场开放要与金融基础设施建设相协调。考虑到中国金融市场化程度在基础建设方面还存在一系列不足，一些关键的改革还在逐步推进过程中。如何使得资本市场开放和金融基础设施改革更好匹配，主要包括两个方面：一是利率市场化；二是汇率机制改革。资本项下的管理跟市场的开放基本上是结合在一起的，利率市场化和汇率市场化无疑对资本市场进一步开放、对资本在境内外的流动、对中国经济的影响、对上海国际金融中心建设的影响是巨大而深远的。

汇率机制离完全的市场化——弹性十分充足尚有不小的距离，仍然有许多事情要做。多年前制定的汇率波动幅度限制是中间价上下2%以内，真正的浮动汇率制应当打破这一限制，但目前来看并没有这么做，当局仍然十分谨慎。到目前为止，相当多的利率都已经市场化了，包括债券市场、货币市场、银行同业市场等，但影响最大的银行存贷款基准利率改革刚刚开始酝酿推进。2017年央行提出利率并轨，主要是取消银行存贷款基准利率，进而形成市场化利率。由于2017年正处于去杠杆阶段，整个金融领域，尤其是货币政策是稳健基调下偏紧的，在那种情况下，将银行贷款基准利率取消掉，可能会给实体经济带来一些压力，因为流动性紧缩情况下市场利率水平容易偏高。2018~2019年利率水平逐步下降，经历五次降准，流动性已非常宽松，这个问题可以说基本上得以解决，但并不是说已不存在问题。目前这种状况下，要将贷款基准利率彻底取消，还需要考虑银行风险偏好。在外部不确定性上升和经济增速下降的情况下,银行风险偏好是偏低的。在流动性偏紧和银行风险偏好走低的情况下,贷款基准利率市场化后,市场竞争可能会将实际利率水平抬高,这显然不是利率市场化改革想要达到的目的,所以利率市场化改革仍须审慎推进。

第三,金融市场开放水平要与监管水平保持一致,这一点尤其重要。国际上许多风险失控的案例是由监管未能跟上或者在变动过程中出现一系列问题所导致的。所以金融监管水平需要随着市场进一步开放稳步提高,两者要保持基本平衡,达到协调一致。如此,未来资本市场开放才能在平稳的状态之下保持市场规范运行,使风险控制处于良好状态。

如果可以解决好以上问题,审慎地推进资本市场开放,规范市场并有效控制风险,上海国际金融中心建设就会得以更好地推进。

紧扣实质补短板建设国际金融中心

乔依德　上海发展研究基金会副会长兼秘书长

国际金融中心的实质是配置全球金融资源，其中的两个关键因素是资本跨境自由流动和金融要素高度集聚。

一、关于资本市场

发展资本市场对于改进融资结构十分重要，具有重大的经济和政治意义，但是在具体运作方面不应泛政治化。记得 20 年前，业界普遍认为 IPO 的目的是帮助国有企业发展，后来总结经验，认为这种看法和做法不是很好。前几年又出现了类似的情况，中央提出了扶贫，于是贫困县注册企业 IPO 可以优先。于是，就有一些企业把注册地改到贫困县，想早点上市，可是迁册不久，贫困县又脱帽了。前不久"独角兽"公司很热，于是又让"独角兽"公司优先上市，如富士康子公司——工业富联仅花了一个多月的时间快速上市，这种做法对于其他公司不公平，也损害了资本市场的公平性，对资本市场的伤害很大。

资本市场既然是市场，就要尊重市场规律，减少政府干预。比如我们经常批评在中国资本市场上退市很不容易，美国每年有成百上千家公司退市，但是中国的资本市场还做不到。其中一个原因就是地方政府的干预。这种政府干预是不对的。再如，一家上市公司的独立董事，每当审年报时就感到非常困惑：一方面，根据要求必须分红，分少了还不行；另一方面，来年开展业务又需要融资，需要向银行借款或者发债。根据《公司法》，分不分红、分多少红应该由公司股东大会来决定，政府干预没道理。像美国谷歌、亚马逊和很多公司，它们长期不分红，甚至有的多年亏损。所以我的建议是：应该取消强制或者半强制分红的要求，至少科创板可以没有这种规定。因为科创板的公司没有盈利可以上市，但有利润就一定让它分红，这就矛盾了。

要分清楚证监会与证交所的职责和功能。当前在设立科创板并试点注册制的过程当中要让证交所发挥主体作用。科创板是注册制而且强调信息披露，注重程序审核，不做实质审核，如果证监会再做重复审核，科创板的试点就失去意义了。

建设资本市场是一个系统工程，需要各方面的配合，特别是需要一个良好的法治环境。首先，我们需要建立多支柱养老保险体系，壮大全国社保基金。2017年11月，国务院印发《划转部分国有资本充实社保基金实施方案的通知》，要求部分国有企业把10%的股本划拨到社保基金，养老保险基金增多了，对于壮大机构投资者有很重要的意义。其次，红利和资本利得的税收需要调整。当前取得红利是要交税的，但是个人买卖股票是不交资本利得税的。这就产生了一个问题：一方面，我们批评散户短期买进卖出；但是另一方面，在税收方面没有任何制约。国际上有成熟的经验可以借鉴，即根据持有股票时间长短来决定税率，若干年后可以不收税。再次，要加大对违法机构和个人的惩罚力度。比如，康得新大股东挪用资金190多亿元，仅罚款90万元，这个处罚力度是不够的。最后，还要允许集体诉讼，否则个人投资者难以与大公司打官司。

二、关于加快上海国际金融中心建设

（一）建设上海国际金融中心是建设金融强国的一个重要环节

加快上海国际金融中心建设，是建设金融强国一个重要环节，是党和国家的既定方针。邓小平同志在20世纪90年代就讲过，党的十四大、国务院〔2009〕19号文件和2019年九部委的"三年行动计划"也都明确了这一点。我们要一心一意抓好这个事情。关于政治中心和金融中心的关系，有两种模式，一种是两者重叠，如英国和日本；另一种是两者分开，这种情况更多，比如美国、德国、澳大利亚、阿联酋、印度、土耳其。这两种模式是历史上形成的，与国家的国土面积有关系，但是没有好坏、优劣之分。既然中央决定在上海建国际金融中心，大家都应齐心协力。

（二）要紧扣实质、补短板

国际金融中心的实质是配置全球金融资源。仅配置国内的金融资源并不是国际金融中心。配置全球的金融资源有两个关键：一是资本能够跨境自由流动，二是金融要素高度集聚。这两个方面我们都存在短板。

第一个短板是，跨境资本还不能完全自由流动，资本账户因为没有完全开放，资本跨境流动还受到一定限制，企业或个人对外直接投资、国际借贷、衍生品交易、不动产交易等都受限制。当然这主要是由我们国家战略步骤决定的，这也是对的。当前情况下，如果资本账户一下子完全开放，局面可能会失控。

解决方法是：即使不能完全开放，也要稳步推进资本账户逐步开放。比如，搞好沪伦通、沪港通。我们要坚持自贸区金融创新，如跨境双向人民币资金池、人民币境外放款、跨境全口径融资宏观审慎管理等。最近上海自贸区外汇改革实施细则（4.0版）刚出台，也应落实。还应发展离岸金融，扩大FTA账户功能、OSA账户，逐步走向本外币一体化。美国、日本在资本账户完全开放之前都搞过离岸金融。以后资本账户完全开放了，离岸金融就会自然消减。

第二个短板是，上海在金融集聚方面还有很多不足。可以从三个方面来分析，即金融基础设施、金融机构和金融综合管理机构。

首先，金融基础设施包括各类金融交易所、清算机构、金融服务机构。从图1可以看出，各国大型投资服务企业将总部设在本国金融中心的比例，日本东京是100%，英国伦敦是86%，美国纽约是80%，中国上海只有30%。如果单看交易所，上海相对而言集中度还是比较高的，如果把清算机构、金融服务机构放一起，这个比例就不高。

其次，金融机构集聚程度还不够高。表1是2018年《银行家》

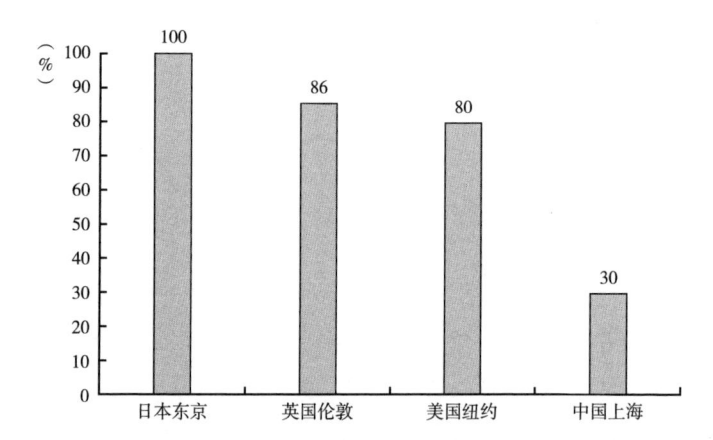

图 1　本国大型投资服务企业将总部设在本国金融中心的比例

资料来源：Forbes,"The World's Largest Public Company 2018", https://www.forbes.com/global2000/list/#industry：Major%20Banks。

全球排名前19位的银行所属国及其在各国设立总部的所在地，在上海设立的比例不到50%，在东京的是100%，在伦敦的是100%，在美国纽约的是100%，在法兰克福的是74%。图2显示本国大型商业银行将总部设在本国金融中心的比例，日本东京是100%，英国伦敦是80%，美国纽约是36%，中国上海只有21%。

表 1　2018年《银行家》全球排名前19位的银行所属国及其在各国设立总部的所在地

银行	所属国	在各国设立总部的所在地				
		中国	日本	英国	美国	德国
中国工商银行	中国	北京	东京	伦敦	纽约	法兰克福
中国建设银行	中国	北京	东京	伦敦	纽约	法兰克福
中国银行	中国	北京	东京	伦敦	纽约	法兰克福

续表

银行	所属国	在各国设立总部的所在地				
		中国	日本	英国	美国	德国
中国农业银行	中国	北京	东京	伦敦	纽约	法兰克福
交通银行	中国	上海	东京	伦敦	纽约	法兰克福
三菱日联金融集团	日本	上海	东京	伦敦	纽约	杜塞尔多夫
三井住友银行	日本	上海	东京	伦敦	纽约	杜塞尔多夫
巴克莱银行	英国	上海	东京	伦敦	纽约	汉堡
汇丰银行	英国	上海	东京	伦敦	纽约	杜塞尔多夫
苏格兰皇家银行	英国	—	东京	伦敦	—	法兰克福
高盛集团	美国	北京	东京	伦敦	纽约	法兰克福
美国银行	美国	上海	东京	伦敦	纽约	法兰克福
富国银行	美国	北京	东京	伦敦	纽约	法兰克福
摩根大通银行	美国	北京	东京	伦敦	纽约	法兰克福
花旗银行	美国	上海	东京	伦敦	纽约	法兰克福
德意志银行	德国	北京	东京	伦敦	纽约	法兰克福
桑坦德银行	西班牙	上海	东京	伦敦	纽约	门兴格拉德巴赫
法国巴黎银行	法国	上海	东京	伦敦	纽约	法兰克福
法国农业信贷银行	法国	北京	东京	伦敦	纽约	法兰克福

资料来源：https://www.thebanker.com/。

上面是上海与其他金融中心的横向比较，下面是与国内其他城市的纵向比较。2018年《银行家》全球排名前50的中国银行有12家，以上海为总部的只有2家，即交通银行和浦发银行（见表2）。中国最大的11家内资保险公司总部在上海的只有3家（见表3），中国最大的10家内资证券公司总部在上海的只有3家（见表4）。无论是横向比较，还是纵向比较，我国金融机构在上海的集聚程度都有待提高。

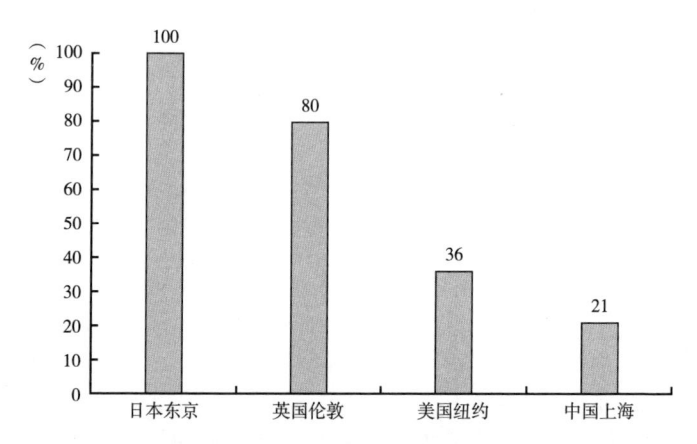

图 2　本国大型商业银行将总部设在本国金融中心的比例

资料来源：Forbes,"The World's Largest Public Company 2018", https://www.forbes.com/global2000/list/#industry：Major%20Banks。

表 2　2018 年《银行家》全球排名前 50 的中国银行及其总部所在地

名称	2018 年《银行家》全球排名	总部所在地
中国工商银行	1	北京
中国建设银行	2	北京
中国银行	3	北京
中国农业银行	4	北京
交通银行	11	上海
招商银行	20	北京
中国邮政储蓄银行	23	深圳
上海浦东发展银行	25	上海
兴业银行	26	福州
中信银行	27	北京
中国民生银行	30	北京
中国光大银行	39	北京

资料来源：https://www.thebanker.com/.

表3 中国最大的11家内资保险公司总部所在地

名称	总部所在地
中国人寿	北京
中国平安	深圳
中国人保	北京
天安保险	北京
太平洋保险	上海
太平保险	上海
泰康人寿	北京
阳光保险	深圳
大地保险	上海
华夏人寿	天津
出口信用保险	北京

注：本表列示的是注册资本位列前11的内资保险公司。
资料来源：各证券公司官网及各地工商局网站。

表4 中国最大的10家内资证券公司总部所在地

名称	总部所在地
中信证券	深圳
国泰君安	上海
广发证券	广州
海通证券	上海
申万宏源	上海
华泰证券	南京
招商证券	深圳
银河证券	北京
中金公司	北京
国信证券	深圳

注：本表列示的是截至2018年总资产位列前10的内资证券公司。
资料来源：中国证券业协会。

最后，金融综合管理机构方面，中国人民银行行长易纲在2019年陆家嘴论坛上，对建设上海国际金融中心提出了几条意见。其中一条是进一步充实完善人民银行上海总部职能。这表明，中央银行在国际金融中心建设当中的作用是至关重要的。前面讲到政治中心与金融中心的关系，接下来看看金融中心和央行所在地的关系。政治中心与金融中心重叠的情况下，央行肯定也在一起，是三位一体的。表5显示的是在政治中心与金融中心分立的情况下，央行的情况如何。这实际上又有两个模式，德国与澳大利亚的央行总部设立在金融中心，美国与中国的央行总部设立在政治中心（迪拜的情况比较特殊，它是由独立于阿联酋央行的迪拜金融服务管理局管理的）。

表5 政治中心与金融中心分立情况下金融中心和央行所在地

国家	政治中心	金融中心	央行总部	央行重要分支机构
德国	柏林	法兰克福	法兰克福	
澳大利亚	堪培拉	悉尼	悉尼	
美国	华盛顿	纽约	华盛顿	纽约（纽联储）
中国	北京	上海	北京	上海（上海总部）
阿联酋	阿布扎比	迪拜	阿布扎比	迪拜金融服务管理局（独立于央行）

资料来源：上海发展研究基金会。

表6是对纽联储和中国人民银行上海总部的比较。中国人民银行上海总部功能比较弱。美联储在纽约的分支机构职能很强,其"一把手"实际上是美联储的"二把手"。中国人民银行上海总部定位比较模糊,不清楚。上海有五家机构(外汇交易中心、黄金交易所、清算所、征信中心和上海总部)全部直属于中国人民银行,它们是互相独立的。

表6 纽联储和中国人民银行上海总部的比较

项目	美国纽约联储银行	中国人民银行上海总部
机构负责人级别	在FOMC中属副主席级别,在联储体系中地位突出	比较模糊,不清楚
与上级关系	领导与被领导、委托代理、合作关系,具有一定的独立性	主要是领导与被领导关系,缺乏独立性
机构职能及授权	美联储按法律一次性大量授权;是货币政策的主要制定者,是公开市场操作、金融监管等的主要执行者	授权不清晰,没有金融政策决策权,承担较少的业务操作,没有监管职能
业务协调	纽联储按法律授权直接参与联储体系内、监管机构之间以及国际机构的业务活动	较难协调行内行外机构(外汇交易中心、黄金交易所、清算所、征信中心全部独立并直属于中国人民银行总部)
人员配置	人员充足、行政级别高	人员少,司局级干部少

资料来源:上海发展研究基金会。

中国上海金融机构集聚程度不高,因此需要创造良好的营商环境,吸引国内外金融机构落户上海。上海金融与发展实验室的成立,是一个很好的例子。通过资产重组等方式支持本地金融机构做大做强。上海有一点做得很好，就是外资在中国设立的银行，上海占比最大，当时上海金融办一家家拜访，把政策交代清楚，很多外资机构因而落户上海。另外，还需要积极主动争取中央有关部门支持。几个月前，上海市委、市政府主要领导人在北京开了一个会议，邀请中央所有的金融管理机构、大型金融机构参加，中国人民银行行长易纲、很多机构负责人都参加了，这非常好，应该继续做。中央有关部门应从国家战略大局出发给予支持，争取能有一两家国有大型商业银行总部迁到上海。

三、总结

当前搞好科创板就是证券业的最大任务，对于搞好资本市场、支持上海国际金融中心建设意义重大。在资本账户尚未完全开放的情况下，积极创造条件给跨境资本的自由流动尽可能多的便利。在金融科技蓬勃发展的情况下，金融集聚的重要意义不会减弱，上海和中央有关部门应合力补齐上述三个方面的短板。纵观全球，有些国家有不少金融中心，但是国际金融中心只有一个，因此，建设上海国际金融中心，不只是上海的任务，还是国家的战略，意义重大，必须认真抓好，一抓到底。

从资源配置到风险配置

张晓晶　国家金融与发展实验室副主任、
　　　　中国社会科学院经济研究所副所长

要大力推进要素市场化、混改,发展 PPP,以及对一些垄断行业实行更大程度的市场开放;同时要减少政府直接干预,取消隐性担保。合理的风险配置意味着政府的全面转型。

今天我讲的题目是"从资源配置到风险配置",我只是选择其中一个视角来分析,也是最近一段时间的思考。

根据国际金融协会(IIF)最新公布的数据,2019年第一季度末,中国债务与GDP之比超过300%,有些耸人听闻,但信息传播得很快。作为专门估算杠杆率的机构,我们有责任告诉大家,其实他们算错了！IIF所公布的债务,既包含非金融三大部门(实体经济)的债务,也包含金融企业的债务,这与通常意义上的宏观杠杆率算法有所区别。一般来说,在统计宏观杠杆率时只涉及实体经济的三大部门,即居民部门、非金融企业部门和政府部门,并不包含金融企业的债务。根据IIF的数据,如果这三个部门加起来,实体经济债务与GDP之比(宏观杠杆率)应为260.5%,与国家金融与发展实验室国家资产负债表研究中心(CNBS)估算的数据(248.8%)相差不大。我认真对比了IIF与CNBS的数据,唯一的区别在政府部门,我们算的结果是37%左右,IIF是51%。所以,希望大家今天看了我们的研究,不要再以讹传讹。

一、为什么说债务高悬与体制因素有关

接下来我想讲的是债务风险。过去,中国的发展理念是先发展后治理,发展的时候没有考虑太多风险问题。在风险配置当中,政府起了决定性作用。由于政府干预,金融体系配置风险的功能被大大弱化

和扭曲，这是我要讲的最重要的一个方面。

目前我国的宏观杠杆率是248.8%，2019年第一季度增加超过5.1个百分点，未来还会看到杠杆率不断上升。杠杆率是所有风险显性化的体现。过去40年，中国创造了经济发展的奇迹，同时也积累了不少体制性、结构性的矛盾和问题，这些矛盾和问题逐步显性化为各类风险，而债务高企就是这些风险的一个集中体现。譬如房地产、地方债务、"僵尸"企业、银行坏账、社保缺口等问题，这些都会首先反映在债务高企上，要么是反映在私人部门的资产负债表上，要么是反映在公共部门的资产负债表上。

这里要说到一个概念，叫"发展型政府"（Developmental State），即政府把发展作为第一要务。事实上，不光是中国政府，无论是现在还是以前，东方还是西方，很多国家都在这么做。发展型政府撬动市场的最大杠杆就是其配置信贷的能力。怎样推进工业化？怎样有一个公共的金融机构支持中长期融资？这不只是中国现在遇到的问题，很多先发国家都遇到过。我们想说配置信贷是发展型政府的一个共性，中国还有其他特别的地方，例如，我们的国有经济、地方政府只管发展，而中央政府承担了所有的发展风险。有人会说，股市风险、民营企业破产的责任等就不是由政府承担的。当分得很细的时候，可以说风险并非都由政府承担；但是从总体上，特别是从目前的高债务率以及最终风险损失的归属上看，很大一部分是由政府承担的。大家知道，在哲学中经常提到的一个原则，就是自由与责任相配，当你有很多"自由"做出很多决定时，你就得承担"责任"。就像小孩子可以选择玩游戏，但是因为浪费时间没有写完的作业，最后自己还得补上。其实，中央政府没有给市场主体很多自由，而是进行了太多干预；干预的结果就是中央政府要承担这个责任，这是一个最根本的逻辑。

结合杠杆率会看得更清楚。我国宏观杠杆率高达250%左右，居民杠杆率为50%，不是很高；显性的政府杠杆率为37%，也不是很高；高在企业杠杆率，将近160%。仔细分析这个结构，其中六成以上是国企债务，这当中有一半是融资平台债务。我们可以进行宏观杠杆率的重构，国企与政府杠杆率合计形成所谓公共部门杠杆率，达到140%，这大大超过私人部门杠杆率，即居民部门加上非国有企业部门，合计为103.9%。公共部门杠杆率可以近似看作风险集聚的程度。而公共部门杠杆率是在政府主导和干预下形成的，我把它叫作"四位一体"赶超模式。这个"四位一体"分别是，国有企业的"结构性优势"、地方政府的发展责任与软预算约束、金融机构的体制性偏好，以及中央政府的兜底责任。

我们采用IIF的数据进行国际比较，因为它做了GDP加权。IIF数据显示，私人部门杠杆率远高于政府（公共）部门杠杆率，其中新兴经济体平均相差80多个百分点，发达经济体相差50多个百分点，所有经济体相差 60 多个百分点。从政府（公共）部门债务占实体经济杠杆率债务的比重看，新兴经济体是 27%，发达经济体是 40%，全部经济体是 36%，中国则超过 50%。唯一与中国相似的是日本，2004 年之前日本私人部门杠杆率大于政府公共部门杠杆率；自 2003 年日本央行提前开启开放式资产购买计划、实施质化和量化宽松政策（QQE）之后，出现反转，公共部门杠杆率开始高于私人部门杠杆率，现在两者差距已达 70 个百分点左右。中国债务结构展现出"中国特色"，即公共部门债务积累以更快的速度上升，并在规模上超过了私人部门。

二、公共部门债务与经济增长：经验分析

我们做了一个经验分析，来考量公共部门包括中央政府的债务如果配置特别多会对经济有什么影响。我们整合了最新的全球债务数据集（GDD）、世界银行数据、国际货币基金组织的国际金融统计数据（IMF-IFS）、国际清算银行（BIS）的非金融部门信贷数据集等，细分出国有企业债务、政府部门债务和私人部门债务，在此基础上进行跨国面板数据分析。我认为比较重要的工作是我们整理出了公共部门债务特别是国有企业债务。经过整理的国企债务数据覆盖 135 个经济体，共计 4049 个样本，平均每个经济体有近 30 年的数据，绝大多数经济体从 1970 年开始才有此数据。

表1 经验分析结果

变量	（1） totp_cg_sum	（2） totp_cg_sum	（3） totp_cg_sum	（4） totp_cg_sum
人均实际GDP增速 （L.pgdpgrow）	−0.014*** （0.001）	−0.023*** （0.002）	−0.022*** （0.002）	−0.023*** （0.002）
对数人均GDP （L.lnpgdp_conp）	0.348*** （0.024）	0.231*** （0.056）	0.124** （0.061）	0.144** （0.061）
15~64岁人口占比 （L.popshr_65up）	—	—	7.848*** （1.004）	7.626*** （0.986）
国内储蓄/GPD （L.dsav_rate）	—	—	—	0.354* （0.181）
二产增加值/GDP （L.indshr_gdp）	—	—	−0.794*** （0.175）	−0.698*** （0.191）
股票市值/私人部门债务 （L.stock_totpdebt）	—	—	−0.102*** （0.016）	−0.104*** （0.017）
中央政府债务/总债务 （L.cgshr_totp_cg）	—	—	0.376*** （0.078）	0.371*** （0.077）
观测值	5112	2199	1981	1934
R^2	0.358	0.410	0.363	0.383
国家数	144	96	96	94

经验结果显示，第一，导致杠杆率攀升的因素很多，但以中央政府债务占总债务的比重来衡量的体制性因素是更根本的，这里用的是中央政府债务，原因是很多国家只有中央政府债务数据而缺乏广义政府或公共部门债务数据。第二，杠杆率水平与增长等负相关，但债务

增速与增长等正相关，滞后两期以后正向作用消失。从人均实际 GDP 增速看，经济增长越快代表分母越大，不难得出杠杆率与经济增长呈负相关关系；对数人均 GDP 代表收入水平越高，杠杆率越高；老龄化和高储蓄率也是导致杠杆率攀升的两个因素；第二产业增加值占比实际上是产业转换的概念，在工业化阶段很多信贷支持导致大量资本形成，经济增速是比较快的，但是进入服务业大发展阶段，经济增速在下滑。第三，债务累积对增长与效率总体具有负面作用，特别是国有企业债务对效率有明显的不利影响。第四，低收入发展阶段，公共部门债务特别是政府债务对经济增长的不利作用相对更小；但在高收入发展阶段，以政府和国有企业为主体的公共部门杠杆率对增长和效率的负面作用明显增强。这也表明，随着中国向高收入发展阶段迈进，由政府主导和干预实现经济赶超的发展模式亟待转型。

三、从资源配置到风险配置

前面讲到，更多的债务配置到公共部门、国有企业，这在经济发展的早期阶段，是有积极作用的；但随着我国向高收入发展阶段迈进，负面作用将越来越大。为什么我国的债务上升那么快？其重点并不在于私人部门，因为私人部门从市场化改革到今天，市场纪律发挥了很大的约束作用。而不太受约束的还是公共部门，因为它们听命于中央政府。既然自由选择权是在中央而非公共部门,那么最后所有的风险就由政府来扛。现在政府已经扛不住这些风险,所以要从过去的资源配置转向风险配置。目前风险配置与相应的资源、机会、收益的配置非常不匹配,这是我们经济体系在发展中遇到的大问题,也是化解、缓释风险的主要障碍。风险与资源(以及发展机会和收益)的不匹配主要源于:第一,政府对资源配置(包括信贷资源)的干预,扭曲了风险定价;第二,政府的隐性担保,进一步加剧了收益与风险的不匹配;第三,从事风险配置的金融体系自身发展不足以及存在体制性偏好。

要实现资源配置与风险配置相匹配,政府需要全面转型,即从发展型政府转向服务型政府。这意味着政府要取消隐性担保、刚性兑付,不能再承担所有的发展风险;要突出竞争中性,扭转金融机构的体制性偏好。这样风险定价才能回归常轨,风险与收益的匹配才具备基础,风险的市场化分担才有可能。更重要的,实现风险与收益的匹配,需要将政府或国有经济垄断的资源、发展机会拿出来,推进市场开放,让社会资本能够真正分享发展收益,从而使其更好地分担相应的风险。这意味着要大力推进要素市场化、混改,发展PPP,以及对一些垄断行业实行更大程度的市场开放。

冲击、公司转型与稳定政策

张　平　上海金融与发展实验室理事、
　　　　国家金融与发展实验室副主任

提高制度质量才能做到转型和防范风险双赢，提高制度质量是现在中国宏观政策选择和道路选择的一个最重要的方面。

一、经济发展面临的冲击

2019年上半年数据上虽然有很多亮点，但是也要看到两个不利的现象：一是GDP环比创6年来新低，第二季度环比增长1.6%，这意味着我们要继续下调下半年的GDP环比增长，这是第一个压力。二是名义GDP收缩较快，我们预计全年实际GDP增长6.2%，下半年名义GDP增长预计只有7.7%，再次回到8%以下，名义GDP收缩对我们也有压力。

6月份PPI环比增长为负，同比增长为零，8月份PPI翘尾因素为负。我们预计，2019年下半年PPI降幅在-0.9%的水平。PPI环比与PMI高度相关，随着PMI连续两个月在50%的枯荣线以下，经济会继续有压力。

2019年上半年CPI为2.2%，预计下半年有食品冲击最多到2.5%，压力还是比较大的，8~12月份翘尾因素逐渐降至零，将对冲食品冲击，我们对CPI的预测其实是偏高的。

按PPI为-0.9%加权30%、CPI为2.5%加权70%计算，模拟正常情况下（没有严重的PPI负值）的GDP平减指数是比较准确的，模拟结果显示2019年下半年GDP平减指数为1.6%。第二季度名义GDP回升到8.3%，是靠CPI价格上涨提高的。预计2019年下半年名义GDP降低到7.7%以内，逐季收缩。

出口部门面临的压力依然是一个严峻的问题。2019年上半年1~5月中国经济主要靠出口带动，相比2018年增较快，但是从6月开始已有所压力。我们课题组模拟了中美进口弹性，数据并不是很严峻。最严峻的是现在全球面临经济放缓，可能受到比中美贸易摩擦问题还严峻的挑战。所以，未来我们要未雨绸缪于全球经济持续放缓的事实，这个事实对我们的冲击远比简单的中美贸易摩擦更严峻。

风险溢价飙升导致信用收缩冲击。包商银行事件之后，国家使用很多货币对冲手段，使得SHIBOR利率降得很低。但是，包商银行事件引起2A及以下债券市场出现巨大问题，2A债券发行缺少资金来源，城投、民企信用债等全面收缩，中小银行面临巨大风险，信用收缩更为强劲。2A及以下债券市场现有存量5.3万亿元，地方融资平台的60%在2A市场发债，资金规模也在50%上下，民企债集中在这个市场，非银金融机构、中小银行的结构性发债、理财也比较集中于这个市场，风险溢价飙升，资金已经抛弃该市场，一旦这个市场融资永续过程难以为继，违约压力会引起不小的动荡。该市场已经不是流动性问题，而是风险溢价高到无人借钱的问题，其短期后果是信用收缩，长期后果可能是2A及以下市场近于关闭。

这是宏观基本情况，我们认为，下半年宏观经济压力比较大，特别是金融风险方面。总体来讲，中国GDP增长现在没有很强的尾部风险，没有骤降风险，基本是平稳的，但是金融市场风险累积的压力越来越大。

二、公司转型：利润从价格效应转向创新效应

一是上市公司业绩增长趋势与中国经济走势亦步亦趋，没能脱离宏观调整的步伐，上市公司高质量转型依然在路上，其转型依然任重而道远。从全部A股上市公司来看，2018年净利润增速与GDP增速均呈现一定程度的下滑，反映出经济确实面临一些新的下行压力。从历史数据看，中国A股上市公司业绩表现也与宏观经济走势息息相关，这一方面说明，宏观经济基本面和政策调整会影响上市公司业绩；另一方面也表明，上市公司业绩最终会反映在宏观层面，形成宏观经济的重要微观基础。

二是上游产业涨价的分配效应消退。之前供给侧结构性改革导致的上游垄断产业分配更多利润的情况有所转变，中下游产业的利润开始提高。

三是创新引领效应提升。新兴行业扣非后的ROA（扣除非经常性损益后的资产收益率）比其他传统行业高，我们也做了创新的一系列测算，总体来讲，创新带来的利润增长非常显著。

四是净资产收益率低于融资成本。2018年，扣税后的净资产收

益率降到 5.9%，低于 6.1% 的融资成本。2017 年前者稍微高了一点，现在又慢慢降低。未来，负债问题也越来越凸显。从微观角度重新审视经济，还没有发现很好的科技创新转型迹象，企业压力还比较大。

三、稳定政策与提升制度质量

第一，2019 年上半年财政全面加码激励，政府继续发力受限。2019 年上半年财政政策已经全面发力，整个财政赤字是 2.76 万亿元，按照一般预算缺口计算 2019 年上半年已经支出 1.7 万亿~1.8 万亿元，未来可花费的赤字缺口越来越少。中国财政有四本账，包括一般公共预算账、政府性基金预算账等，专项基金发力体现在政府性基金预算账上。专项债规模从 2018 年的 1.35 万亿元提高到 2019 年的 2.15 万亿元，且可做资本金，6 月社融靠专项债发行增加，目的是通过扩大政府基金预算增加基建投资来稳定经济。上半年还采取了很多举措，如减税降费，财政在不同领域持续发力，下半年应该观其减税效果，靠专项债走"正门"使基建保住 6% 的增长基准。

第二，稳定预期和推进金融供给侧改革。一是逐步形成政策可预期性与监管中性的相互协调性框架，相机抉择表现在政策和监管上，频繁体现为"父爱主义监管""竞争性监管"，政策与监管共同作用，导致预期高度不稳定；二是积极建立多层次资本市场激励公司转型，只有大量公司转型创新，而不是高负债扩规模，中国经济高质量转型才能成功；三是很多政策要边改边实施惩罚性救助，促进金融供给侧改革平稳进行，逐步降低风险溢价，促进金融体系的对外开放。

第三，提高制度质量才能做到转型和防范风险双赢。OECD做了一个详尽的各类政策工具对经济增长、金融风险和GDP尾部风险影响的讨论，这个讨论非常有意义。提高制度质量有助于经济增长，而且能够降低GDP尾部风险，也不会增加金融风险。较大的资本账户放开虽然能够刺激经济，但会增加金融风险。自由浮动汇率政策对经济增长也有益，而且可以适当降低金融风险。总之，提高制度质量是现在中国宏观政策选择和道路选择的一个最重要方面。

寻找最有效率的资产风口

刘煜辉　中国社会科学院经济研究所研究员、
　　　　天风证券首席经济学家

未来中国经济增长需要创造更多的要素，需要生产出更多的技术资本、人力资本、智力资本、信息资本、知识资本。

关于中国资本市场发展新阶段，我个人认为有三个资产风口。

一、自贸开放，融入新秩序

中国目前的状态仿佛回到了20年前，面临二次"入世"的严峻局面。尽管我们在国际上来回奔走，呼吁多边主义，维护多边主义，但是实际上，一个新的秩序已经形成了，这个秩序把我们排除在外。尽管美、日、欧没有最终摊牌，但是零关税、零壁垒、零补贴的新秩序正在形成，且在不断扩充，如果再加上澳大利亚、韩国，甚至东盟，这个秩序将掌握全球70%的经济总量、70%的贸易规模。这实际上已经在构建一个新秩序，而且这个秩序以中国非市场经济国家为由，将中国排除在外，所以我们面临二次"入世"的严峻局面。

中国有两个选择，一个是脱钩，另一个是融入。中国如何选择，我相信每个人心中都有自己的答案，而且这个答案可能几乎是唯一的。我认为融入是一个必然的选择，融入包括三个角度，即零关税、零壁垒、零补贴。

零关税并不困难，2018年底，中国总体关税为7.5%，现在主要国家在5%以下，美国是2.5%，所以中国经过2~3年的努力可以克服零关税的困难。比关税更大的挑战是我们的经济增长方式与新秩序的冲突。我们经过 40 多年的改革开放，实现了经济快速发展，不可避免地在系统中形成了非常顽固的分立结构，这个结构带来的利益和新秩序存在尖锐的冲突。"三零"的新秩序否定产业政策性补贴，将改变原有的中国特色的经济模式；要求汇率市场和资本市场自由化；要求经济增长方式由市场主体决定，而非政府和类政府组织决定宏观经济政策（如货币、财政、汇率、产业、资本管制等政策）。在我们的生态中，每一个经济主体对此都会不适应，因为我们的企业家遇到困难时，第一时间想到的就是货币政策、财政政策还有多少空间，能否从国家税收上获得政策红利或补贴，能否通过土地溢价获得补偿，这个生态缺乏企业家精神。在当前时代背景下，中国经济面临着从政策性模式走向市场化模式，增长方式转型的问题。

这个过程如何选择，答案一定是融入。如果融进去，世界就在眼前，如果融不进去，眼前就是世界，我们面临的就是这样的格局。

对于这个方向，尽管面临困难，但是我个人非常相信顶层智慧。今天的上海无疑扮演着"排头兵"，而且是"排头尖兵"的角色。

近年来，上海的发展呈"众星捧月"的态势，"自贸区（特区中的特区）""长三角一体化""科创板"三位一体，打造 G60 科创产业走廊，市场化的最大红利集中于上海。今天的上海已经远远不是"大上海"概念，而是类似于"两江总督"，下辖 15 万平方公里 1.8 亿人口，而且辖区内的市场化要素聚合能力在全球都是顶部水平。如果释放权利、政策、红利，最有效的资产一定会在这个区域蓬勃而起。G60 科创走廊的规划图中，"人"字形的一撇，延长江而上一直到安徽芜湖、安庆，一捺贯穿上海、嘉兴、杭州、金华、温州、台州。中国未来高端的产业链将汇集到 G60 科创走廊上，从芯片、半导体、新能源汽车，到杭州的科创、软件，再到现代制造业、服务业，整条线是朝西南方向的。而"人"字形的尖端所在就是上海，要像针尖一样扎入"三零"新秩序，随后带领整个"人"字形长三角一体化融入进去。

二、自主可控

中美贸易摩擦中重要的一点就是技术和治理反全球化。在过去 20 年里，西方国家技术和治理是开放的，允许华为等头部公司进入，允许技术导入中国。而我们经过 40 多年伟大的改革开放，形成了强大的工业集群能力，驱动产业快速进步、升级，在几个关键领域，我们甚至有垄断产业链的趋势，所以西方国家开始忌惮，想要把中国插到"从 0 到 1"基础原创顶部的"管子"拔掉。以前中国不需要基础原创，因为可以用市场换技术，或者通过国家特殊手段，把西方原创导入中国并与中国的工业集群能力相结合。现在需要下大决心，建立中国"从0到1"的基础原创系统，这就必然需要进行深层次的教育改革、科研体制改革。

中国原来有一大批政府、央企、科研机构、军工系统的基础技术准备，在过去全球化过程中由于缺乏激励、动力、外在压力，很多都荒废了，现在要激活它们，重建系统。未来将会是一个世界两套系统，因此，中美贸易摩擦可能是"坏事变好事"，激发整个体系改革。我们现在也看到，刚才提到的这些方向，在资本市场系统、平台上的资金活跃程度非常高。

我们也不用特别担心西方国家拔掉"管子"，经过过去十年在互联网、数字经济、基础设施方面的巨大投入，我们实现了物联、数联、智联，形成了数据海洋。万物互联成就的巨大场景世界，是中国最大的"本钱"。西方国家"从0到1"方面巨大的投入需要一个变现过程，要形成一个商业闭环，否则没有办法不断自我强化驱动，推动科技进步。投入要变现，就要形成规模效应，放眼全球，只有中国可以满足，所以脱钩并不容易。尽管现在美国通过技术和治理打压、封锁我们，让我们脱钩，但是还有一大批美国科创公司觊觎中国庞大的数字市场、场景市场，因此我们还是有谈判筹码的。

三、再造资本形成发生器的新引擎或成为重要的政策抓手

中国未来的经济转型从宏观具象到金融,实际上是要为经济转型再造资本形成发生器的新引擎。在过去 20 年快速工业化、城镇化的过程中,资产发生器的引擎是以商业银行为主体的间接融资体系,能够快速把储蓄通过银行转化为资本形成,生产大量住房资产,迅速提升经济的资本密度。但今天这条路已行不通,6 个单位信用投入进去都不一定形成 1 个单位的 GDP,剩下的有可能成为明斯基危机因子。因此,未来中国经济增长需要创造更多的要素,需要生产出更多的技术资本、人力资本、智力资本、信息资本、知识资本。但经济转型所需要的这些资本,银行无法产生,政策抓手逐渐聚焦到再造资本形成的新引擎,只能靠资本市场。

资本市场"牵一发而动全身",落实到政策抓手,就是要强大投行。资本市场的核心功能是权益资本的形成,投资银行承担了价格发现、价值发现,将利益主体联结在一起的纽带功能。因此,中国也需要自己的"高盛""摩根士丹利"来承载中国资本市场大幅制度变革的重任。

目前，强大投行的理念正在得到践行，从科创板的设立可以看出，科创板的审核、注册、发行、交易等各个环节都是改革，也是对资本市场基本制度的完善，所以中国的头部券商、中国的资本市场在未来十年一定会迎来巨大成长。

科创板的使命和初心

尹中立　国家金融与发展实验室高级研究员、
　　　　荣盛发展首席经济学家

科创板完成历史使命的关键是高效的退市制度。只有退市制度得到严格实施,"风险溢价"才能得到准确反应,股市才能准确定价。

一、科创板的初心

科创板的初心是什么，相信大家都很清楚，它带着要解决当前二级市场的困惑和尴尬而来，也因历史的机遇而生。中国股票市场已运行接近30年，一个非常尴尬的事实是，本土最有效率、最有赚钱能力的企业没有在我们的市场上产生，全部都进入了美国市场、中国香港市场。实际上这样一个尴尬在十几年前就已经被决策层所关注，所以2009年创业板孕育而生，带着培育中国的"纳斯达克"梦想而来，但是遗憾的是，十多年过去了创业板还是与主板趋同。

在研讨科创板未来的时候，首先应该要反思一下现行IPO制度的缺陷。从制度缺陷来看，以前我们希望通过严格的财务指标要求，筛选优秀的公司到资本市场。但财务指标仅仅代表过去，无法代表未来。从统计数据可以看到，通过财务指标筛选出来的公司大多数已经"人老珠黄"，IPO之后，净资产收益率等一系列指标都在下降。因为这一道门槛，我们把一些有创新能力的企业挡在了A股大门之外。除了BAT，最新的案例还有微博。微博登陆纳斯达克之前实际上是连续亏损的，2012年亏损6.4亿元，2013年亏损2.3亿元，这样的财务报表无法登陆中国A股市场，2014年登陆纳斯达克，融资3.28亿美元，2018年财报净利接近40亿元。类似科技创新能力很强的企业，没有和我们的投资人结伴而行。

那么，放松IPO的财务指标要求如何？新三板带着这样的梦想来到我们面前，新三板几乎没有财务门槛。我们希望通过这样一个宽松的方式，能够培育出类似纳斯达克市场上一系列龙头企业，但是我们的结果是什么？2015年初，新三板指数1000点起步，因为带有美好光环和梦想，加上2015年A股牛市，在双重机遇面前，新三板从1000点冲到2000多点。但好景不长，很快就回归向下。截至2019年7月，三板成分指数与做市指数分别累计下跌51%、72%，比价格下跌更可怕的是新三板市场失去了流动性。

二、科创板的制度创新及评价

上述历史经验表明，门槛过高不行，没有门槛也不行。科创板市场如何设计？这次我们做了一系列准备，IPO制度创新方面设计了"跟投"制度。这个制度可以有效弥补之前投资银行制度的缺陷，因为它强化了投资银行在保荐上市公司过程中的责任，并把IPO的定价与投资银行的自身利益进行捆绑，实现了资产定价的买方约束。

我们还希望通过这样一个制度解决资本市场的顽疾。一是有效遏制上市公司IPO过程中的一系列财务造假行为。有很多被培养成千亿元市值的"大白马"接二连三倒下，倒下之后我们发现都是稻草人，看上去非常华丽，但是一开始就在造假。二是减少各种寻租行为，相信寻租行为也是中国资本市场不可回避的问题。三是降低 IPO 定价的估值水平。

从第一批科创板公司发行结果看，关于跟投制度的上述推理并未成为现实。第一批几十家科创板公司发行价格的平均市盈率接近 50 倍，我们希望通过利益捆绑制度来实现定价约束的目的实际上并没有实现。跟投制度之所以对投资银行约束作用有限，是因为银行可以通过浮动承销费用的方式对冲跟投的价格风险。所以很多制度纸上谈兵，市场一检验就可以看出成色如何。

跟投制度在市场运行中还可能出现副作用，如"跟投"之后的投资银行与上市公司形成"合谋"的利益共同体。在整个资本市场制度设计过程中，我们希望券商等中介机构起到一个"看门人"作用。有了跟投制度以后，"看门人"的独立性已经不存在了，"看门人"变成"合谋者"，这是很可怕的。

三、科创板完成使命的关键环节

但是我们也不要对科创板完全失去信心。科创板的退市制度设计有可能会弥补其他的不足。

在科创板一系列制度设计中，我觉得最值得称道或者值得强调的是高效的退市制度。在之前的分析研讨中，我们可能忽视了这样一个制度。我认为一个健全的资本市场定价体系，退市制度至关重要。因为每一个国家的金融资源都是有限的，能够享受流动性溢价资产的数量也是有限的，如果没有高效的退市制度，IPO制度就一定是低效的。美国的纳斯达克培养出引领世界潮流的科技公司，其代价是什么？代价是十年来9000多家上市公司被退市，"一将功成万骨枯"就是这个道理，没有高效的退市制度就没有成功的企业巨人。只有退市制度得到严格实施，风险溢价在市场定价中才能得到准确反应，股市才能准确定价。只要股市定价准了，它的市场功能就会得到发挥。从制度建设来说，没有高效的退市制度，风险溢价在资本定价过程中就不能得到准确反应，这个定价就是扭曲的、错误的，而错误的定价得到的一定是错误的结果。

未来科创板市场的估值应该与成熟市场进行接轨。与成熟市场接轨的规律是什么？在美国市场、中国香港市场，蓝筹股估值高于中等市值公司，小公司退市的概率更高，所以风险溢价在这个过程中就会起到定价作用。公司越小，不确定性就越大，风险溢价估值要求也就越高，估值水平就越低。这一点，中国所有的投资者看起来都特别不理解，因为中国的市场跟这个恰恰相反。我们的蓝筹股估值和国际上差不多，但是中小板中等规模企业为30倍PE左右。2019年7月19日收市时，深圳中小板公司市盈率平均估值25倍，我们的估值水平最高的是这些小规模公司，虽然自2015年以来创业板指数已经跌了50%以上，但是估值依然是40倍以上。所以将来这些科技类企业，在准确的定价背景下，它们的估值应该是10倍左右，香港和纳斯达克都是如此。

现在40倍的PE发行价将来怎么走？这个不言而喻，但是不排除短期内大家热闹一下，这也是应该的。我们顶层设计有一个非常明确的要求，未来科创板一系列新的制度（如注册制）有效运行之后，其经验很快会被推广到主板、创业板、中小板。科创板运行之后，未来几个市场之间是什么关系？就是接轨的关系，大概率主板、中小板、创业板的估值水平将与科创板接轨，科创板将与香港市场、纳斯达克接轨。

全球金融市场展望

胡志浩　上海金融与发展实验室理事、
　　　　国家金融与发展实验室副主任

未来全球经济继续依赖宽松的政策环境，维持信贷链条基本健全，确保资产价值不出现断崖式调整，在低烈度危机中化解矛盾，资金将继续寻找具有比较优势的资产，这是概率更高的一种可能。

2018年以来，全球经济受到众多不利因素影响，大家非常担忧，但是全球经济实际的运行情况是什么样的呢？我们这里用发达经济体的经济运行风险指数和新兴经济体的经济运行风险指数来衡量全球实体经济的运行情况，这个指数是把跟实体经济运行有关的30多个指标以及它们的波动率合成到一起，指数越高代表风险越高。可以看到，次贷危机时发达经济体的风险指数很高，但是次贷危机以后，发达经济体总体运行情况基本平稳，宏观指标表现尚属稳健；新兴经济体的风险指数虽然是上升趋势，但实际上一直处于1个标准差左右。次贷危机以来，新兴经济体虽然陆续出现了一些问题，但是没有系统性问题，衡量实体经济运行的指标总体来说是稳定的。那么为什么我们心中会十分忐忑？这种忐忑来自什么地方呢？说到底，来自我们对未来不确定性的担忧，而这种预期会迅速反映在全球金融市场上，金融市场比实体经济受预期影响的程度更为剧烈。

收益率曲线是所有金融市场的定海神针，从主要经济体十年来的收益率曲线中我们能发现很多信息。收益率曲线可分为三个因素：水平因素是各期限加权的水平值，斜率值反映短期收益率与长期收益率的关系，还有曲率值。我们主要看水平值和斜率值。次贷危机之前美国收益率曲线水平很高，斜率很低，而且持续了很长的负斜率，说明短期的收益率比长期的收益率还要高，接着次贷危机就发生了。次贷危机后，美联储迅速降息并实施量化宽松，这一状况持续了好多年。

从 2015 年底开始，面对美国经济的复苏，美国收益率水平有所上升，这个收益率包括联邦基金利率操作和市场最后形成利率水平的综合指标。但是 2018 年下半年开始，美国收益率水平开始下降，而这时美联储没有调整联邦基金利率，这说明资本市场已经对经济未来预期产生了担心。如果从利率中性的角度来看，经济体通过价格形式把对未来的经济担忧反映出来了。

欧元区在次贷危机之前收益率水平接近 5%，到了 2015 年处于负收益率水平，而且斜率一直往下。日本的近 20 年被称为"失去的 20 年"，从 2002 年起收益率水平从未超过 1.5%，次贷危机以后收益率水平没有超过 0.5%。日本处于岁月静好状态，发展缓慢，但做事很精细，是一种乏力的高质量增长。欧洲和日本当前实施的负收益率主要在金融体系内，这表明，管理部门希望钱进入金融机构——不论是金融机构和金融机构之间，还是私人企业把钱注入金融体系后，金融机构更多地把钱通过信用形式投放出去刺激经济。目前欧洲居民住房贷款利率达到 2%，德国消费贷款利率也有 7%，其他绝大部分存款利率接近 0，金融机构之间，甚至金融机构和中央银行之间出现负利率。这表明管理部门不希望钱在金融体系里打转，希望把钱赶出去，但是效果一直不好。经济低迷时，金融机构把本金放在比收益更重要的位置，信用投放可能会更谨慎。全球从后危机时代到准备应对下一次危机到来，大家心里很忐忑。

如果在 2002 年时能看到中国的收益率曲线，那么可以肯定全球最好的投资机遇就在中国。中国的收益率曲线总体来讲比较稳定，一直在 2%~4% 的区间波动，斜率没有出现变形。由此可得出两个结论：首先，这是中国长期以来经济高速稳定增长的结果；其次，虽然我国金融体系存在很多问题，但是毋庸置疑的是金融体系也为这些年经济的高速增长提供了有力的金融支持。关于其他新兴经济体的收益率曲线，像俄罗斯、印度等金砖国家，收益率水平接近 10%，因为它们这些年一直靠提高利率来应对通货膨胀或者资本外流问题，这对经济增长无疑形成很大压力，而且这种高利率反而不具备投资吸引力。

再来看看权益市场。我们总结了主要经济体 2019 年第二季度末市盈率和市净率的值。虽然中国的小盘股问题很多，但是沪深 300 代表了中国的主流企业，它的市值占中国总市值的 60% 以上，反映了中坚力量企业的特征。以前中国上市公司估值一直很高，经过这些年发展，虽然一些结构还存在问题，但是目前中国上市公司估值水平总体来讲是合理的，不像美国和印度，它们目前的上市公司估值水平处于历史高位。

从图 1 可以看到 2009~2019 年不同经济体股票估值占历史分位线的水平，平均数是十年来的均衡水平，最上沿是 90% 的分位，最下沿是负 10% 分位，可以看出美国和印度股市处于较高水平，其他大部分经济体的股市都处于较低水平。

全球金融市场展望

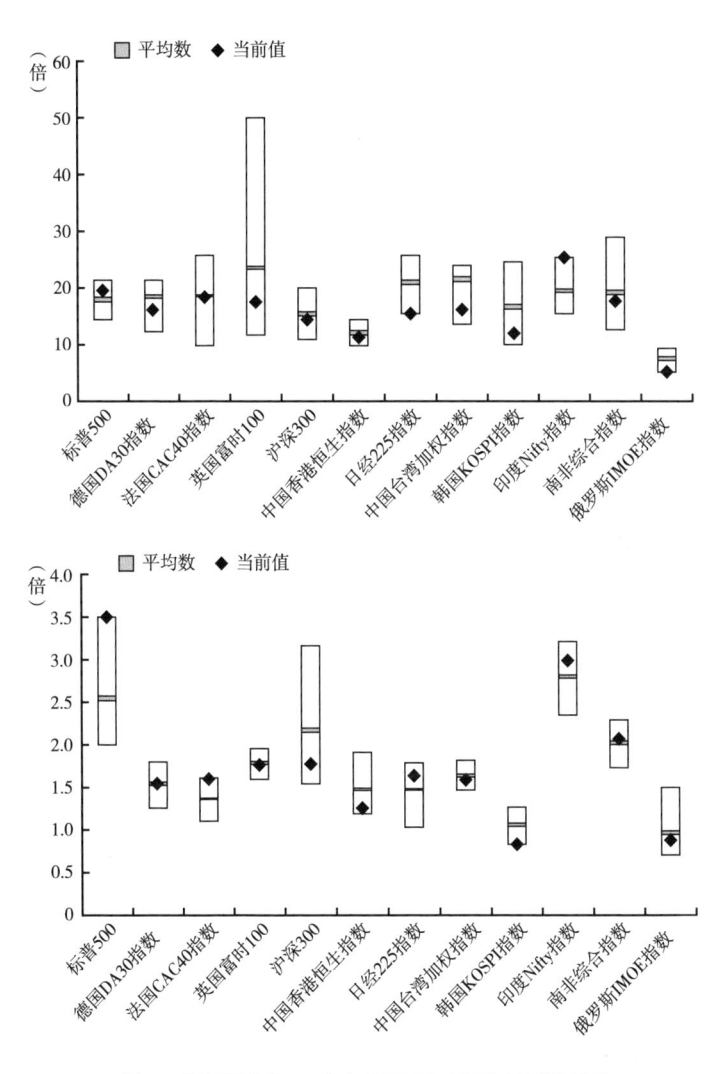

图1 全球股市的PE（上）和PB（下）的历史分位

我们对中美不同市场 PE/PB 进行比较，将中国创业板和纳斯达克、沪深 300 和标普 500、上证 50 和道琼斯工业指数分别进行比较，结果发现，无论是市盈率还是市净率，我们只有创业板高于纳斯达克，这也反映出美国股市的一个特点：股市中轻资产公司越来越多，同时在市场中占据更重要的地位。

从 2017 年末起，全球开始担忧美国股市涨得太多，大家也在寻找支撑美国股市上涨的原因。实际上美国股市上涨有个最基本的原因，就是公司一直在盈利。图 2 中柱形是美国股市每股的经营利润，虚线圈出的是美国股市的三次显著性调整。当每股盈利增速下降，市

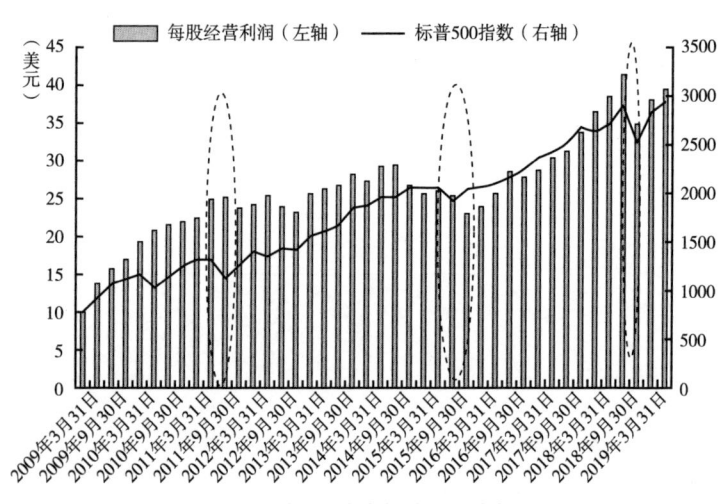

图 2　美国股市增长的主要动力

场担心美国股市不能将好的盈利表现持续下去时，就会调整。我们曾对影响美国股市的因素做过分析，发现盈利本身是最显著的刺激因素。另外，美国公司借便宜的钱回购股票也一直有正向的激励作用，之前所起到的影响是1.5%~3.5%，总体影响有限。2019年作用开始显现出来，因为2019年美国EPS（每股盈余）增速下降，市场开始担心美股盈利能否持续。

从标普500主要行业的指数增长和盈利变化可以看出，金融行业、信息技术行业和可选消费行业的指数高于指数总体增长。其中，金融行业盈利增长最快，但是相应股票涨幅不够，这意味着美国金融业已经开展了自我供给侧结构性改革，将很多不好的金融企业剔除出去，留下稳健的和盈利的金融企业，这是一个积极信号。另外，美国的信息技术行业和可选消费行业原本是高科技行业公司，逐步转变为能够盈利的营利驱动型公司，这两类公司是近十年美国股市上涨的领头羊。

美国的公司信用利差变化和风险偏好呈显性负相关关系，不考虑它们之间的因果关系，至少负相关特征是显著的。VIX是最能直接反映风险偏好的指数，如果盈利之外的很多因素（比如对金融体系流动性的担忧）影响了风险偏好（VIX指数），那么这些因素也会影响企业的信用溢价。美国目前就处于市场担忧企业盈利下降，期望政策放松，但又总是担心政策放松也达不到预期的一种纠结的状态。

Basis Swap（基价互换）主要流行于欧洲和日本长期实行低利率的时候，有两种方法：一是从日本借钱买一个 Basis Swap，锁定汇率风险，然后到美国投资股票；二是到欧洲借钱买一个 Basis Swap，再到美国买固定收益。这都叫作 Carry Trade（利差交易），两种 Carry Trade 在不同地方有不同偏好。2019 年开始 Basis Swap 已经增加了很多，这意味着套利交易的成本在不断提高，但在美国市场预期经济有可能面临衰退，收益率下降时，Carry Trade 肯定会大幅萎缩，没有人再到日本借钱花保险费到美国买股票，也没有人到欧洲借钱花保险费到美国买固定收益，因为无利可图。这也表明美国固定收益市场和权益类市场的吸引力在下降。

如果资产价格变动不会导致信用链条断裂，那么资产价格变动就问题不大。2000 年的美国股市泡沫就是如此，当时美股发生大幅变动，但是信用链条没有断的时候，整个金融体系并没有发生大问题。通过图 3 可以看到 2001~2018 年主要经济体的债务率情况，美国的债务率从 2001 年的近 200% 上升到 2008 年的近 250%，其中 30% 是通过私人部门形成的债务类资金，房地产占其中的大部分，债务的快速上升随后引发债务链条的断裂。而中国的问题出现于 2008 年之后的 8 年时间，债务率快速上升。其实，早在 2015 年全球就非常关注中国的债务问题，国家金融与发展实验室早在 2013 年就开始针对债务问题进行持续关注和研究。可以看到，欧元区和美国债务率在次贷危机以后没有显著变化，这就意味着即使权益类资产发生收缩，债务链条断裂的风险也降低了。而且债务链条当中有一个非常重要的环节是金融机构，前面提到，中国金融机构目前盈利情况较好，已经进行供给侧结构性改革，所以全球金融市场再调整，出现债务链条断裂的概率大为降低了。中国作为全球第二大经济体，前几年也认识到债务这个问题的重要性，并积极开展行动，控制债务过快增长，中国在解决自己问题的同时也对全球经济稳定做出了积极贡献。而日本的问题是把债务全部转移给了政府，政府债务增长很快，而居民和企业债务没有增加。

未来全球金融市场的趋势可能会呈现两种结果。一是全球经济

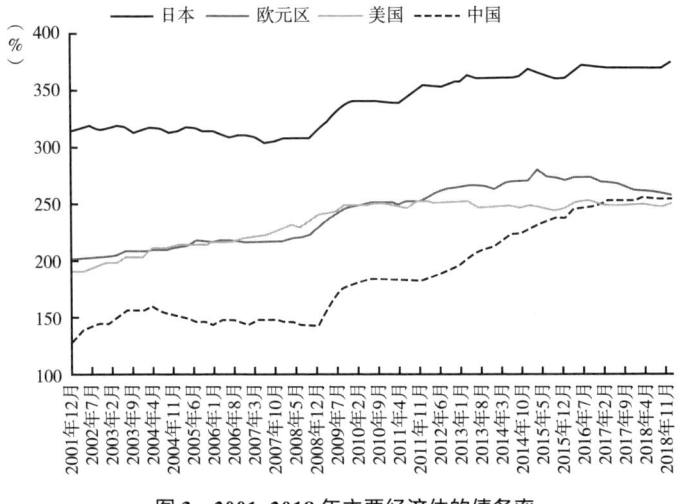

图3　2001~2018年主要经济体的债务率

继续依赖宽松的政策环境，维持信贷链条基本健全，确保资产价格不出现断崖式调整，在低烈度危机中化解矛盾，资金将继续寻找具有比较优势的资产，这是概率更高的可能。而在这一环境下，中国将实现高质量增长，资产的吸引力将显著高于发达国家；另一种概率更小的情况是不可测因素导致全球交易成本急剧增加，全球资产面临全面重估，避险因素成为配置最主要需求，那时候全球资产的配置逻辑将发生变化。

金融强国要如何炼成？

潘英丽　上海交通大学现代金融研究中心主任、
　　　　安泰经济与管理学院教授

金融强国只是一个中间目标，最终目标是实现社会福利最大化的可持续发展。金融强国的基本要求，首先是间接融资和直接融资结构平衡。

我的题目是"金融强国要如何炼成？"首先祝贺国家金融与发展实验室进军上海，也希望实验室能够为上海国际金融中心建设做出更大贡献，起到上通下达、直接的推动作用。

一、金融强国的目标与基本要求

金融强国是不是我们要追求的目标？其实不是。金融强国仍然只是一个中间目标，并不是最终目标，最终目标实际上是实现社会福利最大化的可持续发展。中国的储蓄规模已经超越了美国和欧盟的储蓄总量，这个储蓄实际上相当于农民家庭的余粮，农民是不会糟蹋余粮的，要么养鸡养鸭，要么换几头小牛，或是多生育几个孩子，促进长期发展、短期福利改进。金融体系之所以存在，是由于社会的复杂分工使家庭丧失了直接投资的功能，储蓄转化为投资无法在家庭内部完成。

由于分工体系太复杂，且金融资源的配置是对未来的投资，金融体系经常会出现错配，在这种情况下，关键问题是如何纠错？有没有更好的纠错机制？目下，中国最大的问题是"好企业荒"，缺乏优胜劣汰的机制，无法淘汰落后的、差的企业。金融体系中的"资产荒"，其本质是"好企业荒"。中国家庭为什么75%左右的资产是房地产，股市充满着酱香的味道？都是因为中国太缺好企业。

金融强国的基本要求首先是间接融资和直接融资结构平衡。如果中国想变成金融强国或者是实现人民币国际化，银行资产占比应降到40%以下（美国银行资产占比为20%、债券占比为50%、股票占比为30%），应让外国投资者持有我国货币，使更多的资产具有流动性。社会融资总额中，正规银行加影子银行占比约为85%，债券占12%，股票市场融资仅占3%左右。实际上中央银行在债券融资中发挥了很大作用，债券大部分是在银行间同业市场发行和交易，所以债券的风险并没有分散到银行系统外部去，一旦出问题仍然要由银行体系承担责任，银行系统风险高度集中。此外，从产业角度看，银行支持的是什么？重资产行业（获得银行贷款要有抵押品），但是社会、经济的发展需要高科技行业、轻资产行业，所以直接融资与间接融资结构要平衡。

　　资金融通必须以企业是价值创造还是价值毁灭作为基本判断准则。政府包括监管部门的作用应是帮助中小投资者防范商业欺诈，维护私有产权并提高市场透明度，如果不能防范欺诈，人们可能把坏的、坑蒙拐骗的企业当成优秀的企业去投资，市场的资源一定会错配。

二、金融体系的脆弱性

　　中国产业结构严重失衡，重资产行业严重过剩，轻资产和高科技等行业发展滞后,究其原因是金融体系的结构失衡。2003~2018 年银行资产负债快速增长,2018 年银行总资产为 253.44 万亿元,相当于 GDP 的 2.8 倍,如果利率为 5%,则相当于 GDP 的 14% 须作为利息付给银行。此外,2015 年银行新增贷款 90% 用来还本付息,2018 年新增社会总额超过 50% 用于偿还利息,借新还旧,债务雪球变大、违约临界点日益逼近。

如果国内外形势放大金融风险,我们会面临很棘手的局面。

第一,我国的经济增长率分三个阶段,第一阶段是加入 WTO (2001 年)以前,经济增长率大幅度波动,加速增长期很短,最长是 1981~1984 年;第二阶段是加入 WTO 以后(2001~2008 年),中国通过海外市场的开发释放过剩产能,政府主导、投资拉动型经济增长模式的潜能得到释放,中国经济连续七年加速增长;第三阶段是全球金融危机(2008 年)以后,经济增长率持续下滑,虽然 2009 年的 4 万亿元投放使 2010 年经济增长率得到抵抗性拉升,但之后依旧呈下滑趋势,我们判断经济增长率会下行到"十五五"规划期,下至 4%~5% 的平台,在此过程中,传统增长模式——政府主导、投资拉动、产能过剩就成为必然的宿命。加入 WTO 之前中国经济增长依靠关停并转,加入 WTO 之后经济增长依靠出口释放,由此可见,中国经济增长模式长期依赖外部市场,外部压力急剧增加。

第二，全球范围内的大萧条正向我们走来。数据显示，17个发达国家经济正进入大萧条状态，趋势越来越明显。瑞信《2018年全球财富报告》显示，64%的全球成年人仅拥有财富的1.9%，而0.8%的全球最富有的成年人拥有财富的45%，贫富的极度分化带来最终需求的衰减，削弱经济原动力。

第三，由于美国地缘政治扰局重心向东南亚转移，中国"一带一路"方向正确，但难度增加。

第四，中国经济增长是长期趋缓，有控制地软着陆。数据显示，2012年我国的工业就业占比与日本1972年相当，2010年的人口结构和日本1990年相当，两时段日本经济增长均向下切换。20世纪70年代初以两次危机的方式切换，1990年是以股票和房地产市场泡沫的破灭完成的切换。中国不会切换到1%的水平，但可能切换到4%~5%，这些变化都会对中国的金融体系产生很大压力。

第五，扩张型工业化时代已经结束，制造业进入长期整合期。制造业整合期有五大特征：其一，去产能，不应再有规模扩张；其二，消费制成品个性化发展，以增加文化和技术内涵为重心；其三，行业加快集中，竞争性行业90%的企业将会消失；其四，核心技术须做出重大突破；其五，战略产业完成自主配套。行业集中和加快兼并是一个很残酷的过程，在此过程中金融系统的风险一定会释放出来。

三、资本市场发展重点

从消费和供给角度看,面对当前的局面,需求、供给要双管齐下。

第一,政府要靠转移支付和采购技能培训等方式启动低端消费需求,同时扩大有技术、有文化内涵的制成品和消费服务业的高质量供给,实现平衡发展。

第二,扩张股票市场,通过引入国际版提高中国在全球"食物链"上的位置。一国在全球"食物链"中所处的地位或其获取全球化利益的份额,既取决于本国拥有多少领先企业,也取决于本国利益集团以领先企业为载体在全球"食物链"上的排序。开设国际版能以更和谐有效的投资方式分享全球化红利,应对老龄化挑战,增强中国股票市场的产业和制度基础,让全球更多优质资产以人民币计价交易,为人民币国际化和上海国际金融中心的形成奠定坚实的市场基础,倒逼股票市场制度改革,提升规范化、国际化程度。

第三,加快政府债券市场的发展和国际化进程。数据显示,日本国债占GDP的比重高达238%,美国为105%,中国显性债占比仅为47%,巴西和印度虽金融深化程度明显低于我国,但政府债券占比高于我国。政府需要增加公共产品的供给、释放民间需求,稳定经济,以转杠杆降低融资和负债成本,解决地方软预算约束,为人民币跨境的闭环流转提供市场基础，健全央行货币政策的市场操作。同时，政府需要改革财税，提高财政透明度，加强硬约束，精简机构，开征新税；增加政府信用的市场化评估；加快推进政府债券市场的国际化接轨和开放。

第四，健全保护债权人和投资者的法律制度，转变政府立场，以点带面进行法律制度创新。政府应从帮助企业筹集廉价资金转到保护中小投资者防范商业欺诈上；转变市场价值观，以价值创造还是价值毁灭为依据判断企业优劣，形成竞争中性，同时杜绝金融功能的财政化使用；以点带面进行法律制度创新，在上海自贸区新片区设立独立的司法执法中心，引入集体诉讼制度。

创新"一带一路"投融资方式促进上海国际金融中心建设

刘晓春　国家金融与发展实验室特聘高级研究员、上海新金融研究院副院长

上海国际金融中心的建设要考虑两个着力点。一是人民币国际化，二是"一带一路"倡议的发展，并且要把这两个方面结合起来。

前面各位专家学者对资本市场建设、国际金融中心建设都提出了很多宏伟蓝图，我是做实务出身的，想谈谈落实方面的问题。

一、何为国际金融中心

我理解的金融中心应该有三大基本功能——清算、交易、资源配置。清算，包括银行间货币清算、各类金融产品交易的交割清算、大宗商品交易及商品期货交易的交割清算等。交易，包括各类金融产品的交易，外汇、股票、债券、各类金融衍生产品的交易，还有各类商品期货和金融期货等。资源配置，就是各类投资人、融资人通过市场进行资源的配置。作为中心，不仅要有上述各类清算、交易和资源配置的场所、市场及相应的基础设施，更需要这些场所、市场和基础设施能够互联互通。

并不是上述清算、交易、资源配置使用外汇，参与的机构有外资机构就是国际金融中心了。国际金融中心当然需要有外币的计价手段，需要有外资机构的参与，但更重要的是，可以进行国家间的清算。交易需要有国际机构，交易的资金可以自由进出，投资人和融资人来自世界各地，他们的资源是在国家间进行配置的。也就是说，许多资金的来源是国际性的，而且融资的去向或投资的标的不一定都在上海，可能是跨国界的。

所以我们认为金融开放、国际金融市场建设，恐怕不能以传统的工商业对外开放、招商引资的方式来实现。国际金融中心建设的主要目的不是以各种优惠条件引进外资金融机构，让外资金融机构在本地投资。比如上海证券交易所，除了交易所的设施，交易所对上海本地并没有其他投资，在交易所进行交易的机构、投资人、融资人，来自全国各地，资金也是投向全国各地的。

金融中心需要有市场、可以交易的产品、参与产品交易的交易者。市场，有各类产品的市场及相应的基础设施。这方面的研究很多，上海国际金融中心也有了长足的发展。虽然开通了"沪港通""沪伦通""债券通""QDII""QFII""RQDII"和"RQFII"，各类金融产品也有了相当的交易量，但这些业务都是借助其他国际金融中心的通道实现国际投资资金与上海金融中心的有限对接，上海金融中心离真正意义上的国际金融中心还有不小的距离。上海国际金融中心建设需要寻找新的着力点。

二、上海国际金融中心建设的两个着力点

上海国际金融中心的建设要考虑两个着力点，一是人民币国际化，二是"一带一路"倡议的发展。并且要把这两个方面结合起来，在促进人民币国际化和"一带一路"建设的过程中进行上海国际金融

中心的建设。

首先，人民币国际化。让人民币在国际上发挥价值尺度、支付手段和货币储备等作用，但从现代国际货币体系的角度看，支撑人民币发挥这些作用的人民币清算、汇兑、买卖、借贷的主要中心应该在中国，在中国的上海，而不应该在世界其他地方。大家想一想，美元的国际中心在纽约、英镑的国际中心在伦敦、港币的国际中心在香港，所以我们人民币国际金融中心应该在上海，要围绕人民币国际金融中心建设来看待人民币国际化，或者说在推进人民币国际化的过程中建设上海国际金融中心。所以，上海要建设国际金融中心，首先应该是人民币的国际金融中心。因此，上海国际金融中心的基础设施，要围绕这个目标来建设，包括市场、制度、规则、产品等。

其次，"一带一路"倡议的实施，取得了非常好的效果，也引起国际上广泛的关注，国际投资者也希望能分享"一带一路"发展的投资机会。但我们现在面临的一些瓶颈或问题是，国外很关注但也很迷茫，搞不清楚要建设什么，怎么建设。比如，项目的投资人基本上是中资企业，中资企业以国有企业为主；项目的融资方式基本上是贷款，贷款银行基本上是中资银行，中资银行以国开行为主等。这一现象，也给外界带来了误解。这一方面说明，目前许多"一带一路"项目市场透明度不高，另一方面也说明许多"一带一路"项目融资渠道和方式单一。有研究呼吁要丰富"一带一路"项目的融资方式和渠道，主要是增加股权融资和债券融资。另外要动员更多的商业银行参与贷款，特别是组织银团贷款，以吸引外资机构参与。我认为，应转变动员金融机构通过各种融资形式去送钱的观念，创新"一带一路"建设的融资方式、融资工具、融资产品，让项目更加市场化，向市场融资，接受市场检验，同时也可以向市场分散项目的投资风险。上海国际金融中心可以成为"一带一路"项目融资产品的发行市场和交易市场。

第一，可以利用上海自贸区，在现有各类金融产品市场之外，为"一带一路"项目融资建立各类金融产品的发行市场和交易市场，市场规则可以更灵活更开放。如交易所之类的机构，可以完全由市场机构，包括外资机构市场化建立，监管机构只出政策并实施监督。凡是"一带一路"项目融资的金融产品都在这个市场发行和交易，原则上与现有市场和产品相隔离。有些产品可以两个市场打通，比如一些用于对冲风险的衍生产品。通俗地说，就是另设一个或几个国际版的市场。刚才潘英丽教授也已经讲到如何落实这一点，可以为"一带一路"建设专门开设一个"板"或者市场，甚至可以做一个国际版交易所，交易股权产品、债券产品和各种衍生产品。

第二，这个市场上的金融产品以人民币为主，不排除其他币种，但一切由市场需求决定。产品包括股票、债券、银团贷款、资产证券化、期权期货等衍生产品，以及与商品期货对接的金融衍生产品等。

产品不仅要丰富，更要交易灵活，能与国际市场无缝对接。比如，一些产品可以考虑创新性地发行人民币、外币双币种产品。比如，一只债券，可以部分发行人民币，部分发行外币，或者同时以人民币和外币标价发行，投资人可以自由选择以人民币或者外币购买。这样的债券，在后期的交易中，会发展出许多交易方式和对冲风险方式。这可以丰富市场可交易产品，活跃市场，也增加市场的吸引力。

第三，进一步完善自贸区账户管理办法。前面有专家讲到，目前上海自贸区账户管理主要为贸易及招商引资项目的投资服务。考虑到国际金融中心的特点，也考虑到一定时期内我国资本项目管理的需要，面向"一带一路"融资的金融产品和市场交易，应该丰富它的金融功能，投融资主体都应该开立自贸区账户进行交易。这样，自贸区账户管理，需要考虑以下问题：开户人必须包括符合资格的投资人和融资人；账户的使用规则，更多地适应金融投资、融资、交易的需要等，确保金融投资与金融交易项下的资金可以自由、顺畅进出。与贸易项下资金进出不同，金融市场瞬息万变，资金进出的效率要求非常高。

第四，鼓励中资、外资金融机构组建"一带一路"项目投融资团队、交易团队和服务团队。在金融的对外开放中，外资机构在中国的业务发展不尽如人意，很重要的原因，一是外资机构的一些理念、做法不适应中国本土市场；二是外资机构的业务规模不适合目标客户；

三是我国金融市场和产品相对还不够开放和丰富，没有外资机构发挥特长的空间。"一带一路"投融资市场的建立，可以让外资机构充分发挥作用，也让中资机构近距离学习和参考外资机构的市场理念和方法。这些机构包括投行、商业银行、证券公司、保险公司等金融机构，还有相应的会计师事务所、律师事务所等。

第五，相关部门要针对这个市场完善一系列包括税务在内的政策、法规和条例。

这样做有四点好处。

第一，由于投融资面向市场，项目信息必须公开透明，项目更加市场化，更经得起市场竞争的考验。同时因为信息透明，解除了国际社会对"一带一路"项目的疑虑，可以吸引更多的国际投资。而且，到上海金融中心融资的项目不局限于中资企业项目，也可以带动更多国际投资人和资本投向"一带一路"，让世界共享"一带一路"发展带来的机遇和成果。

第二，因为有这个市场，融资项目向国际开放，投资人向国际开放，很快会形成一个真正意义上的国际金融中心，并且是一个非常有特色的国际金融中心。

第三，因为在"一带一路"建设项目中，中资企业占有相当比重，有意识地引导融资产品多用人民币计价，可以形成丰富多样的人民币金融产品。当人民币金融产品在市场上交易活跃，有很好的流动性时，金融与贸易良性互动，可以提高人民币在国际上的接受度，加快人民币国际化进程，也可以加速形成和巩固上海人民币国际金融中心的地位。

第四，假以时日，部分产品、交易、市场逐步与非自贸区账户市场衔接直至融合，上海国际金融中心建设的目标就有可能较快实现。

第三部分

长三角区域经济金融一体化

长江三角洲区域一体化的本质是市场化
周振华

体制机制改革比技术进步更重要
王国刚

长三角一体化：创新链与产业链的深度融合
王　振

建议成立长三角基础设施投资银行，推动长三角一体化发展
左学金

长三角一体化：可能的风险与必需的防范
倪鹏飞

长三角经济与金融一体化：基于资金流动与 GDP 关联的分析
程　炼

创新长三角一体化示范区财税分享机制　实现投入共担、利益共享
魏　陆

推动长三角区域经济金融一体化
徐明棋

深度城市化与超级大湾区
邵　宇

长江三角洲区域一体化的本质是市场化

周振华 国家金融与发展实验室理事、上海全球城市研究院院长

"长三角一体化"的本质是市场化，其核心问题一是要促进资源要素在区域内充分流动和合理配置，二是要在城市之间形成合理的功能分工，三是建立相关的利益协调机制。

2019年5月13日，中共中央政治局会议审议了《长江三角洲区域一体化发展规划纲要》，纲要特别提出建设长三角一体化的示范区，以及包括土地管理、交通基础设施建设、要素流动、财税风险防范和生态环境保护等在内的一系列重点任务。

我主要谈两个问题。首先，长三角一体化的问题。其实这一问题从改革开放以来就一直没有间断过，从20世纪80年代的上海经济区试点，到进入21世纪后长三角成为中国融入世界经济一体化过程中的一个重要区域，再到今天，地区的协同发展。那么，为什么现在还要提出长三角一体化问题呢？其次，我们现在推行了这么多措施，包括成立长三角联合办公室开展一些专项规划研究，并提出了许多方面的一体化建议和设想。但长三角更高质量的一体化发展，到底是一种什么样的一体化问题，我感觉政府、媒体、产业、学界的思想认识并不统一。

针对第一个问题，长三角一体化提升到国家战略的高度，我个人认为有三个方面的背景原因。

第一个方面，与当前全球经济合作与竞争的新态势有密切关系。因为过去全球的竞争合作比较单一，经济全球化最突出的两个部门是制成品部门和金融部门。但是随着全球产业链影响越来越大，除了产品、货物竞争以外，还有很多服务贸易的竞争、技术服务的竞争，甚至跨境数据信息方面的竞争，所以现在的全球竞争合作越来越趋于综合型。

在这种情况下，哪怕是顶级的全球城市，比如纽约、伦敦、东京，都难以承担起一个全能城市的角色。为此，这些全球城市势必融入区域当中，形成现在较为普遍的全球城市区域或者巨型城市区域，并以区域为单元，代表国家参与全球竞争和合作。目前世界上最大的40个巨型城市区域，只覆盖了地球表面居住的小部分及不到18%的世界人口，却承担了66%的全球经济活动和近85%的技术和科学创新。这种城市区域作为人类发展的关键性空间组织，在一国的政治经济生活中发挥着日益重大的作用，已引起人们的高度重视。例如，欧盟专门立项研究9个欧洲巨型城市区域，美国在"美国2050"规划研究中确定11个新兴巨型城市区域。在这种背景下，我国的城市发展和地区政策，势必会发生相应变化。

第二个方面，2008年全球金融危机以后，跨国公司全球产业链布局发生了策略性的调整。从原来全球的离岸布局，逐步调整为近岸布局，即主要以大洲（大陆）为基点，形成产业链和供应链。这个变化趋势越来越明显。跨国公司全球产业链的近岸布局，其选址的首要考虑因素，已经从原来的成本转变为潜在的市场规模，成本因素下降至第三位。那么在亚太地区，如果跨国公司要近岸布局产业链，中国巨大的潜在市场规模势必成为其投资的首选地，而一些经济比较发达、一体化便利程度较高的区域更容易被选择。所以，应对跨国公司的全球产业链布局调整，提出长三角一体化发展，是有针对性的。

第三个方面与我们现在的发展模式转变有关系。过去很长一段时间，特别是中国加入WTO之后，出口导向的发展模式占主导地位。由于资源与市场"两头在外"，外部植入性较强，跨国公司通常会选择成本较低的地区离散性地设立生产点，并直接实现对外经济联系，即所谓的外向型经济。因此，凡是实行出口导向发展模式的国家，经济发展最终呈现一种离散型的空间特征，原先具有高首位度的城市地位相对下降。过去我们也表现出这个明显的特征。现在，我们正走向更高质量发展阶段，出口导向的发展模式逐步退出主导地位。在这种情况下，一个国家的经济发展在空间布局上就会趋于收敛，而且会按照自然禀赋条件、区域条件以及现实基础进行空间的集中和整合。在这种情况下，转向以城市群为载体的区域一体化发展就势在必行。

因此，我个人认为，目前提出长三角更高质量一体化发展，其最大的现实意义，就是适应世界经济发展、跨国公司全球产业链布局以及我们国家发展模式的转变。

针对第二个问题，我想说的是，区域一体化发展的本质是市场化，是区域统一市场的问题。在长三角一体化发展中，要解决的核心问题是：第一，促进资源要素在区域内充分流动和合理配置，这是一体化的基本前提条件；第二，由于这种资源要素流动的空间载体主要是城市，所以要在区域的城市之间形成合理的功能分工，这是一体化的显著标志；第三，要建立相关的利益协调机制，这是一体化的根本保障。我个人认为，区域一体化发展的本质就是上述三点。

推进长三角一体化发展，确实需要构建相应的基础设施，但不仅仅是交通、信息等硬件基础设施，还包括商务的基础设施、政策平台的基础设施。

从长三角的现实情况看，在交通、信息等硬件基础设施方面，我们已经有了比较好的基础。交通方面尽管存在一些"断头路"，相互的连通性还不是很强，同城效应还不是很突出，但是通过即将启动的一些措施，这方面会有很大改善。特别是城际铁路开通以后，同城效应会明显体现出来。信息基础设施也没有太大问题，特别是5G发展以后，长三角一定是5G"先行先试"的地方，这种信息的基础设施也到了比较发达的阶段。关键是后两个基础设施，我们还比较薄弱。

商务的基础设施，其实很大程度上就是我们的市场基本构架，与市场繁荣程度相关，比如现在整个市场区域的社会信用体系还没有建立起来，各地信息系统、征信系统的建设进度也不一致，相互的衔接是下一步考虑的事情。另外，市场的监管也是商务基础设施的核心问题之一。我们现在的市场区域中，监管的标准、监管的力度、行政执法的把握不尽相同，还有一些基本的信息、数据内容也缺乏互联互通。

从政策平台上讲，我们的基础设施就更薄弱了。目前，三省一市的相关机构已建立情况通报机制，比如加强各地方立法的沟通，商议立法新增项目、立法的标准等。但总体上讲，这方面还存在很大欠缺，包括各项专项规划的制定，现在基本上还是各地自行推动，虽然长三角办公室也在牵头，但是并没有真正整合形成全区域的力量，特别是缺乏民间力量的参与。

在国外的区域一体化发展中，政府主要编制区域发展战略和国土空间方面的规划，而一些水运治理、生态环境、港口运输等具体专项规划，往往是由区域内的民间力量（比如协会、专业委员会等）承担的。该专项完成后具有很强的权威性，这不是政府权力的权威性，而是技术的权威性。民间机构运用大量科学数据、通过相应技术做出规划，得出应该如何治理、如何进行资源集成的结论，然后在网上公布，对全社会开放，也供政府采纳。在这一点上，我们的区域治理是不够的。

而且，现在区域治理中，最大的问题就是如何处理好地方空间和流动空间之间的关系。区域中最大的矛盾，也是国外最难解决的一个难题，就是区域里有行政管辖区的边界，但是流动是无边界的，是有交集的、渗透性的。所以，区域治理中的核心问题就是要建立一个利益协调机制。特别是我国目前的制度安排，一些统筹的方面太少了。比如义务教育，我们无法做到长三角区域的统筹，甚至无法做到上海市各区之间的统筹。极端的"分灶吃饭"，势必凸显各地利益最大化，而这种利益关系，势必会影响资源要素的充分流动和合理配置。因此，在区域合作中，必须把各地利益及其相关者利益显性化、明晰化，建立利益识别机制、利益共享机制、利益交换机制以及利益补偿机制。这方面要做的事情其实很多，而且这些事情还不仅是硬件建设的问题，更是制度、软件建设的问题，有些甚至会触及深层次的体制机制问题，所以长三角一体化的路程还是比较漫长的，但是随着逐步推进，前景也比较光明！

体制机制改革比技术进步更重要

王国刚　中国社会科学院学部委员、
　　　　国家金融与发展实验室理事、
　　　　中国人民大学一级教授

长三角经济一体化实质上是实现经济资源在长三角区域内的市场化配置，客观上要求突破一市三省的行政区划限制，建立城市之间合理的产业化分工机制和利益协调机制。

长三角经济一体化中，金融改革和金融发展连为一体。从狭义角度看，金融基础设施主要讲的是支付清算系统，但广义的角度则包含了制度、体制、金融监管等。

进入21世纪以后的近20年的历史中，实际上，科技进步和体制改革成为影响中国金融发展的两个重要因素。

2000年前后，中国掀起了网络经济热潮，创立了大批网络公司，鉴于互联网带来的信息传递的高效率，一些人就着力强调"网络将颠覆金融、颠覆经济"。但是没过几年，这个泡沫就破裂了，99%以上的网络公司都消失了。

沉寂了几年，到2010年以后，出现了以第三方支付、P2P、众筹为代表的所谓互联网金融，一些人再度提起"颠覆金融"。几年间，互联网金融高歌猛进，连媒体的语言都有所改变，比如"野蛮"这个词，在中国的字典里通常是贬义词，但在那时它似乎成了褒义词，说P2P"野蛮生长"，好像是形容一个新生事物迅速壮大。P2P在英国、美国发展了七八年的时间，累积的成交额也就是几十亿英镑、几十亿美元，每年交易额也就几亿英镑或几亿美元，如果对其收取1%的佣金，那么每年的佣金收入大概也就几百万英镑或几百万美元，仅可以满足一家公司。因此，强调说P2P有着良好的、广大的、不可限量的发展前景，似乎有些夸张。这样简单明了的事情，在中国却准备轰轰烈烈、大规模地进行，甚至要颠覆金融，这实际上是难以实现的。因为，在美国、英国，金融交易的年成交额都是以百万亿为单位计算的，几十亿、几亿的规模不算什么。2013年以后，一些地方政府强调要把P2P等作为当地金融发展的主攻方向、主干方向和战略方向，我认为这不可能，而且一定要小心。值得注意的是，一些人说到，P2P就是线下非法集资到线上合法化的路径转化。2016年4月，国务院办公厅出台了整治互联网金融风险的文件，直至今日，第一轮治理还在逐渐收尾。

到了2016、2017年，新一轮的金融科技开始兴起。金融科技和互联网金融有什么差别？有人回答说，互联网金融不在金融科技范畴内，大数据、云计算属于互联网金融范畴，金融科技讲的是区块链、人工智能等。至于区块链究竟是什么？有人讲区块链是去中心化，有人讲区块链是去中介化，如此等等，一堆的定义，非常热闹。但是这些在任何产业部门都没有被成熟应用的技术，就准备应用到高风险的金融体系中来，是很容易引致风险的，还好目前没有出大问题。2017年以后，大家逐渐理性、冷静下来，研讨进一步深化。

将这段历史梳理下来，可以看到，金融基础设施建设在实践中遇到了科技进步和体制机制改革对金融发展的影响力度问题。一方面，到今天为止，金融没有被颠覆，金融还在发展的过程中，对各种最新科技手段，金融机构都在用着，但是金融也有自己的规矩。另一方面，2018年的中美贸易摩擦，让我们看到了自身的技术短板。改革开放以来，中国科技快速发展，这是有目共睹的。但是，这些技术很多是买来的，是引进的，我们自己创造的部分比较少。

1998年，我们接受了一项研究课题，即设计一套中国高新技术产业化的创业机制。当时我们到全国许多地方对一批科技型企业进行调查，试图弄清中国高新技术产业化发展的一些情况。我们用三个标准来衡量高新技术产业化：第一是具有原创性自主知识产权，第二是达到国际先进水平，第三是单一技术所生产的产品，市场销售总额可以超过50亿元（否则难以说是"产业化"）。但是，用这三个标准衡量，没有找到一家符合标准的企业。在一家实体企业调研时，他们非常高兴地介绍说，他们终于弄清楚了"486"（计算机CPU型号）的整个设计和制造技术，但是，当时市场上售卖的已经是"586"（奔腾3）了。

改革开放40年间，我们的技术进步确实很快，也取得了"后发优势"。但是，2018年这场中美贸易摩擦，让我们看到了自身的"后发劣势"。从这个角度说，积极推进高新技术发展（尤其是原创性自主知识产权的高新技术发展）是一项重中之重的任务，长三角经济一体化必须在这方面走在全国前列。"后发劣势"就是由于经历过"后发优势"所形成的路径依赖，我们的体制机制、各种发展方式都依赖"后发优势"的力量，舍不得也不能容忍大量的资金几年、几十年不间断地投进去，因为这其中还不知道有多少失败（我们不能容忍这些失败）。

回到体制机制和科技进步对金融发展的影响力度来看，2019年6月Facebook推出了Libra，有人称其会颠覆国际货币体系，重构国际金融体系。Libra要创造一个超主权货币。超主权货币的设想在2008年美国金融危机后就已被提出。如果再往前推，国际货币基金组织建立SDR机制时就有这个设想。但迄今超主权货币并未成形。为什么？因为到今天为止，所有国家都有法定货币。在该国范围内，所有商品、劳务、金融产品等都是由法定货币进行标价和交易的。如果法定货币受到不合法的、带有货币功能的资产（或机制）冲击，政府、央行会迅速阻断。如果商品不用Libra标价，Libra就无法成为交易货币。Libra想要凌驾于各央行之上，想要颠覆国际货币体系、国际金融体系，是不可能的。Facebook推出的Libra计划没有考虑到国际金融体系和国际货币体系是一套体制机制，而不仅是简单的技术。

在中国的经济发展中，2016年以后，中央先提出了供给侧结构性改革，2019年2月又提出了金融供给侧结构性改革。供给侧结构性改革中的"三去一降一补"，"三去一降"大致上是减法，相关工作也已取得明显成效，现在该着力展开的是"补短板"的工作。"补短板"千万不要简单地理解为技术上"补短板"，体制机制的"补短板"也至关重要，而且现在我们有很多短板就是由体制机制造成的。从这个角度上说，在金融发展的过程中，体制机制改革恐怕要比技术进步更重要。

长三角经济一体化过程中,需要发挥"产学研"优势,积极推进科技创新,尤其是攻克"一剑封喉"的核心技术,拓展全球供应链,推进新的产业组织方式的形成,推动产业、产品和服务等进入高质量发展阶段。但从经济角度看,长三角经济一体化实质上是实现经济资源在长三角区域内的市场化配置,它在客观上要求突破一市三省各自的行政区划限制,建立城市之间合理的产业化分工机制和利益协调机制。就此而言,深化体制机制改革至关重要。

长三角一体化：
创新链与产业链的深度融合

王 振 上海社会科学院副院长

围绕强劲活跃增长极和高质量发展样板区的战略定位，长三角地区必将在科技创新上布局更多前瞻性项目，并将在做大做强创新链、促进创新链和产业链深度融合上，取得新的突破性进展。

长三角地区近几年有一个比较大的变化，从 2015 年开始，除了布局大交通，还重点推进科技创新、基础建设。上海根据中央的战略部署，制定出台了一系列政策，目的非常清楚，要建设全球科创中心。上海在资源配置方面的力度非常大，江苏、浙江、安徽也全部跟进，近几十年来，长三角科创资源的集聚度大幅度上升。

一、长三角科技创新驱动力的空间分布

我们做过一个关于长三角城市群（26 城市）科技创新驱动力的空间分布研究，分布特征非常明显，科技创新驱动力最强的是上海，接下来是南京、杭州、苏州、合肥等城市。把这 26 个城市分类，上海属于首位城市；南京、杭州、苏州、合肥、无锡和宁波等属于核心城市，在创新资源包括基础研究的布局上力度很大，紧跟上海；常州、南通、芜湖、镇江、嘉兴、扬州和泰州等 7 个城市构成节点城市层，其他 12 个城市构成一般城市层。

在长三角的空间分布中，创新链、创新资源的分布不均衡，主要集中在首位城市（上海）和核心城市，其他的一般城市落差很大。产业布局现在开始不断转移、扩散，上海最为典型。上海过去产业高度集中，而且具有产业门类齐全的优势，按照日本专家的说法是全套型产业结构，这是一个很大的优势。最近十多年，上海工业、制造业的

全套流程已经转移到周边地区,更远的转移到长江经济带沿岸地区。这种现象在几个省会城市以及苏州都出现了,也就是产业链在不断地重新布局,进行空间调整。近几年,苏州把很多产业项目转移到苏北,或者长江沿岸、重庆、成都,也有少数转移到共建"一带一路"国家。这就形成了一个新的产业链格局,总部或者研发总基地在大城市,研发产业的中间、底端向一般的中小城市甚至县级城市转移。

二、长三角创新链与产业链的融合趋势

在长三角一体化趋势中,要特别关注、研究创新链与产业链的融合趋势。长三角地区集聚了全国 1/3 的科技创新资源,已形成比较前沿且达到规模化能级的科技创新集群。围绕国家提出的强劲活跃增长极和高质量发展样板区的战略定位,长三角地区必将在科技创新上布局更多前瞻性项目。

我认为,未来长三角创新链与产业链的融合趋势有三个。一是将在联合打造全球影响力创新链上取得重大进展。2014 年,习总书记对上海建设具有全球影响力的科创中心做出重要指示,当时我们没有自信,经过几年的布局发展,现在我们越来越有自信,"十四五"期间还会进行重大布局,将会有更大产出,这是策源能力大幅度提升的表现。现在整个长三角地区已经达成统一认识,将以上海全球科创中心

建设为引领，江苏、浙江、安徽也达成共识，共同推动上海建设具有全球影响力的科创中心。科创中心、大学、科研机构、平台建设的关键在于存在科创需求，这个需求在上海内部还不够，需要周边地区、长三角地区共同形成，使上海不断提升科技创新策源力。上海现在逐步形成科技创新的综合配套能力，这个优势也越来越被国际、国内的高科技企业、研究机构所看重。华为下大力气在上海建研究基地，很重要的原因就是看中了上海和长三角地区科技创新的综合配套能力。

二是将在创新链带动产业链、加快建成世界级产业集群上取得更大进展。目前，国家战略规划要求长三角地区打造五个世界级制造业集群，包括电子信息、高端装备、汽车、家电、纺织服装等。有先进产业，也有普通行业，我们的产能已经在市场上占据非常大的份额。另外，还可在生物医药、航空航天、造船、绿色化工、金融、互联网等行业打造世界级产业集群。长三角地区关键是有水、有运输，还有很大的需求，再加上技术研发的综合配套，我们非常有条件发展绿色化工，它可以使我们迈入世界前列。最近有好几个世界级化工巨头在长三角地区布局，也是看重该地区的产业链条件。

按照现在长三角"一盘棋"的规划要求，要推动集中在大城市的产业项目加快转移、布局到中小城市，如江苏沿江、安徽等地区，形成一个更加合理的梯度空间布局。在整个产业链布局中，除了科技创新很重要外，商务成本的影响也很大。长三角地区目前在同城化、交通一体化的格局下，产业链向外转移，布局更强、更快。但创新链不会跟着产业链转移出去，更不会布局到一些不重要的城市，创新链必然集中在大城市，特别是上海，产业链则布局在周边地区，因此需要把二者连接起来。在长三角地区，有一些很好的企业、上市公司从出生到成长都没有布局在大城市，而是在县、乡镇，但是发展得很好，技术进步也很快，因为它们跟上海、南京等大城市进行了创新链和产业链的对接。

最近在上海出现了虹桥商务区热的现象。虹桥商务区建了很多楼，我们起初担心这些楼卖不掉、租不出去，现在看来这个担心是多余的，各地都来虹桥商务区购置楼宇，设立创新中心、孵化中心，当地的企业、政府都到上海来，最后连接起来。上海最近也推出一些积极的政策支持，比如外地的大学、科研院所、大企业到上海来设立分支机构，可以享受政策上的福利，申请上海的科技项目、获得资金支持，这就更加有力地推动了上海的科技创新与周边地区产业的紧密融合。

三是将在创新链与产业链深度融合的市场机制上取得有效突破。进一步推进融合，可能面临很多体制机制问题，归根到底是因为行政区之间风格不同，大家政策不一样，都在抢跑道、争项目，形成了五花八门的地方政策、地方配套设施，形成了标准和规则都不一样的框架体系。

我们还需要进一步研究、推进两方面的问题。第一，消除行政壁垒，促进资源要素在长三角地区更加自由地流动，解决好要素自由流动过程中碰到的扭曲问题。这需要借助一体化来进行改革，例如，现在青浦、吴江、嘉善等地建了2300平方米的绿色生态示范区，重点也在研究怎样推进创新链和产业链的融合，使各地不一样的标准、规则、市场统一起来。

第二，探索财税分享政策，通过利益共享，实现合作共赢。这是中央赋予我们一体化建设中的政策创新，可以在示范区先行先试。这个政策非常重要，可以兼顾双方的利益，双方有共同利益，才能把一体化更好地推进下去。比如，上海孵化的项目，转移到周边地方去，两个地方根据此项目在税收上进行分成，这样才能积极有效地促进产业链向中小城市转移、布局。目前，我们也观察到一些合作园区、飞地经济发展得不是很理想，因为背后的利益协调机制没有设计好。今后要把这个关系处理好。我们下一步要深入研究金融链如何配合创新链和产业链的融合。

建议成立长三角基础设施投资银行，推动长三角一体化发展

左学金　国家金融与发展实验室理事、
　　　　上海市人民政府参事

长三角基础设施投资银行主要用于支持长三角交通、能源、通信、生态环境和城市设施建设项目，尤其是跨行政边界的项目建设，促进区域互联互通与产业合作。

一、从人口变动趋势看长三角一体化发展国家战略

首先谈一下长三角一体化国家战略为什么会变得越来越重要。最近我到内蒙古、吉林和山西调研时发现，我国的人口布局在未来若干年会有重大的变化。这个变化怎么发生呢？第一，我国人口将在未来几年内从低增长走向长期持续的负增长，这种负增长将持续到 21 世纪末。第二，根据我的研究团队关于中国人口的低方案、中方案和高方案预测（分别假设我国妇女在 21 世纪末平均每人生育 1.1 个、1.6 个和 2.1 个孩子），我国人口总量在 21 世纪末将分别下降到约 6 亿、8 亿和 10 亿，人口年龄结构高度老龄化。

近年来，我国两次放宽生育政策，但是实际生育率并未如部分人预料的那样大幅反弹，所以今后人口下降会比我们原来预料得要快。伴随人口下降的是人口的空间分布会发生很大的变化，越是偏远的农村和小城镇，中青年人口流失就越严重。中青年人口流失意味着未来这些地方的人口会很快萎缩，这是日本正在大量发生的现实情况。所以日本在 2014 年 11 月颁布了《地方、人口、就业振兴法》，同年 12 月内阁会议又讨论通过了日本《地方、人口、就业振兴愿景》及《地方、人口、就业振兴战略》，目标是应对"少子老龄化"，控制地方人口减少，促进地区恢复发展活力。但是在人口连续下降的背景下，

这些对策的实施效果有限。我国人口与劳动力从东北部和中西部地区向东部沿海地区的迁移，对人口与经济活动的空间布局会产生很大的影响，将重塑我国人口地图和老龄化地图。

我们的初步判断是：东部沿海三大城市群（京津冀、长三角和珠三角），特别是长三角和珠三角将继续成为吸引人口流入的重要目的地。部分东北、中部与西部地区的农村村落、乡镇和城镇化地区将面临人口缩减甚至村落、城区荒废的问题。现在我国的西部地区造了大量的高架桥和高速公路，但是今后对新的项目需要认真研究，这些地区未来会有多少人口？投资项目的利用率和回报率是多少？从空间规划的角度来看，需要对人口流出地区的基础设施需求与投入做充分的前瞻性研究，避免造成不必要的浪费。

那么为什么人口与经济活动会向长三角城市群等地区集聚呢？根据相关研究文献，我归纳为以下几点。一是大城市、大都市圈与城市群带来的规模经济效应（交通与通信基础设施、产业配套能力）。二是大城市、大都市圈与城市群能更好地满足不同群体的多元化需求。大城市能更好地满足人们的教育、医疗和文化的需求。还有研究发现城市规模越大，餐饮服务的菜系就越多，所以喜欢美食的人肯定喜欢到大城市去。三是我国公共资源更倾向于向北京、上海等一线城市和省会城市等高等级城市配置。这些情况都使我国人才向大城市、大都市圈与城市群集聚。世界银行2009年度发展报告也指出，人口与经济活动向少数全球性城市集聚是世界各国的共同规律。日本东京都市圈更是一个典型案例。

二、建议成立长三角基础设施投资银行

长三角城市群要真正成为我国人口和经济活动的中心，成为世界上规模最大、基础设施最完善、产业配套能力最强、创新人才与创新企业最集聚的世界级城市群，还有很多基础设施方面的工作要做。比如上海中心城区到郊区的通勤实际上还不太方便，因为没有地铁快线，都是站站停的慢线，从中心城区人民广场坐地铁到郊区的区政府所在地，单程要一个多小时，来回至少要三个小时。

国务院对上海市城市总体规划的批复中明确要求构建上海大都市圈，但是上海和周边的城市交通还很不方便，虽然我们提出要搞市域铁路，但还需要做出更多的研究与规划。另外，上海郊区有很多产业园区需要改造，比如很多制造业园区需要改造成以产业研发创新为主的园区，把加工生产环节向外转移。但是由于行政边界的存在，人员与资金的跨区域流动还有一些障碍。我们已经有了一些跨行政区域的地铁，如上海地铁11号线从上海直接通到昆山，但还远远不够。美国的纽约、华盛顿都市圈都由多个行政单元组成，但这些都市圈提供一体化的公交地铁服务与当地（local）电话服务。相比之下，在这方

面我们还有很大差距。长三角一体化已经提出很多年,但实际上原则性指导规划由国务院或国家发改委制定,落地的规划由各地政府自行制定,真正各地联合起来制定的规划很少,因此各地规划的衔接有困难。此外,在大都市圈的范围或者整个长三角的范围内,跨区域统筹规划的机制与操作办法还需要进一步发展完善。

要解决长三角一体化的问题,就要淡化各地的行政边界,这个问题说起来容易做起来难。长三角各地之间还有不少路没有打通,不但省/市之间有,省市内部各政区之间也有。进一步改善长三角城市群内部的基础设施,以及长三角城市群连接外部世界的基础设施,需要加强长三角城市群的统筹规划,以及完善对跨行政边界基础设施项目的融资机制。

现在长三角已经成立了一些合作基金,如以支持研究为主的"长三角合作与发展共同促进基金"、以推动产业发展为主的"长三角协同优势产业基金"。在国际合作层面,已有大家比较关注的亚洲基础设施投资银行,还有总部在上海的金砖国家新开发银行,主要资助金砖国家以及其他发展中国家的基础设施建设。我们能否借鉴以上经验,成立一个长三角基础设施投资银行?

建议由长三角三省一市政府作为创始成员,共同发起成立长三角基础设施投资银行,今后可在三省一市的基础上逐步发展地级市、县级市和相关企业作为成员单位。长三角基础设施投资银行主要用于支持长三角交通、能源、通信、生态环境和城市设施建设项目，尤其是跨行政边界的项目，促进区域互联互通与产业合作。该银行的法定资本规模可以考虑为 1000 亿元（目前亚投行和金砖银行的法定资本均为 1000 亿美元）。考虑到上海是长三角的中心城市，又是连接外部世界的主要窗口，可考虑上海占 34%，三省各占 22%。长三角基础设施投资银行的领导机构是银行理事会，由三省一市派代表参加。银行的主要功能是发放贷款支持长三角的基础设施项目建设，贷款可分为支持公益项目的低息和无息贷款，以及支持市场化项目的商业贷款。像新能源、环保等公益项目可以提供低息或无息贷款，交通、通信等有正常回报的项目可以提供商业贷款。另外，建议在投资银行下面设立长三角基础设施专家委员会，由基础设施相关领域的资深专家组成（可吸收世界城市群基础设施规划建设领域的外国专家参加），加强对长三角基础设施项目的规划与建设研究，重点是对跨省市边界的基础设施项目的研究。

长三角一体化：
可能的风险与必需的防范

倪鹏飞 中国城市经济学会副会长、
中国社会科学院城市与竞争力研究中心主任

一体化是一把双刃剑，长三角一体化虽然机遇大于挑战，希望大于风险，但问题和风险也需要客观分析和主动应对。

长三角一体化是目下热议的问题，党中央、国务院也下发了关于长三角一体化的规划。我今天想从风险角度谈谈长三角一体化。

一、一体化的理由和意义

一体化是一把双刃剑。其机遇大于挑战，希望大于威胁，长三角一体化顺应了中国经济社会的发展规律。中国经济进入了新时代，从空间观察，中国经济从集中聚集转向了局部扩散，表现在三个层面，一是从东部向中部扩散；二是从一线向二线扩散，二线城市的快速发展便是扩散的结果；三是从大都市的中心区向周边扩散，目下趋势愈加明显，都市圈、城市群的发展，均是扩散的重要表现。

长三角一体化有什么重大意义？从理论上来说，长三角一体化具有规模报酬递增效应，因此有重大意义。从长期来说，对国家参与国际竞争有重大意义。从时间上来说，对中华民族的伟大复兴有非常重大的意义。从短期来说，有三个非常重大的意义。第一，从经济上看，总体的经济在转型之中，下行风险很大，需要找到一些重要的增长点、引擎来带动经济发展，长三角一体化即是其一。第二，虽然当前中国经济从东部向中部扩散，但与此同时南北分化也特别严重，我们此前提出要以东西一体应对南北分化。即通过东部和中部一体化来实现东部、中部的互动，阻止南北分化，安徽是中部，长三角的两省一市是东部。长三角一体化是东中一体的前沿,如果说长三角是高质量的一体化,那么东中一体则是基本的一体化,长三角一体化对东中一体化,对应对南北分化具有非常重要的意义。第三,北方的衰退向南方蔓延的趋势非常明显,北纬31度以北的城市综合经济竞争力总体排名大部分都在下降,北纬31度以南的城市排名均在上升,北纬31度就是指长江这条线,如果无法阻止这条线,经济放缓再向南蔓延,中国的经济是很危险的,因此要加快长江防线的高质量发展。做牢长江防线,做牢长江的中游和下游,尤其是中下游地区,是关键的关键。因此,长三角一体化,无论从长期来说还是短期来说,都具有非常重要的意义。

二、长三角一体化可能的风险与必需的防范

一体化也存在一些问题和风险,只有认清问题、发现风险、提前应对,找出防范金融风险和解决问题的办法,才可能使风险最小,收益最大。

长三角一体化有五大风险。第一个是风险互联的风险或者风险一体的风险。全球化带来了很多好处,同时也产生了很多问题,使很多风险变得全球化、一体化,变得互联,这是很重要的问题。由于一体化,各区域之间的产业、经济社会活动联系越发紧密,长三角某一个

地方的产业受到外部的影响时，会殃及其他地区。此外，由于流动性加快，风险传染速度加快，一个城市会影响另外一个城市，这是值得重视的问题。要解决这个问题，需要在治理机制上提前做好防范和布局，要建立自动隔离机制、应急响应机制和协同治理机制。

第二个是同质和平庸化的风险。全球化使很多国家文化的多样性受到了挑战，不仅文化上如此，经济上也如此。长三角一体化会受此影响，比如我们经常强调共同，强调一个标准、一个品牌，强调相同的硬件，强调打造同样的软件环境。过去各地确实存在很大的差异，如"苏锡常"和安徽，不仅产业上有差异，文化上也存在差异。如果光强调一体，则削弱了各地个性化和比较优势，掩盖了各自的差异或者减少了多样性。要解决这个问题，需要遵循竞争的原则，各扬己之长，借别人的长处补自己的短板。通过这个办法，既能够保持各地的个性，又能使得一体化的各个区域共同提升。总体而言，我认为要由多样化组成一体化，而不是由平均化和同质化导致平庸。重要的是要求同存异、包容多样性，强调共同的同时，还要强调一城一策、一地一策。

第三个是规模报酬递减的风险。大家都说，一体化是1+1+1+1大于4，但现实中在很多情况下结果会小于4，甚至小于3。这里面含有普遍的"大锅饭"和"搭便车"的问题。无论从经济学的角度，还是从自我利益最大化角度考虑，各地寻求少奉献一点、多索取一点，甚至不奉献来分享。组织人数越多,"大锅饭""搭便车"的可能性就越大,怎么办?首先,简化组织结构,分成几个层次。第一个层次是建立三省一市,至于20多个城市、30多个城市,放在第二个层次,再分小组,成员少容易监督,也容易细化、量化。其次,要考虑清楚成本共担和收益共享的对称性机制。谁投入得多,谁未来的收益就大。未来想要更大的收益,现在就要投得多。最后,要加强考核、监督。

第四个是治理失灵的风险。长三角一体化涉及四个独立行政区之间的合作,在三省一市的治理中,存在治理真空,缺乏制度基础。没有制度和法律支撑,会导致三个风险。一是执行的风险,因为不是一个独立的行政机构,在合作中可能会而不议,议而不决,决而不行,行而无果;二是监督成本的风险,长三角一体化需要共同的机构来监督,但此机构权力薄弱,缺乏各方协调和配套机制;三是违约的风险,一些行为主体不执行已经签订的协议,同时也没有一定的法律来制裁、惩罚他们。要解决以上问题,其一要完善治理体系,建立决策、执行、监督的组织体系和制衡机制;其二要创新监管机制,建立一体化优先监管目标责任制度;其三是最重要的一点,建立保险制度,通过抵押、担保和保险等防止参与者事后毁约。

第五个是两地分化的风险。长三角一体化下,安徽会不会因为高端要素流向东部而越来越差?上海、苏州的某些区域会不会因为产业转移变差？怎样应对各种可能的分化？一则要实现网络化，点状发展往往会出现两极分化，但是网络化的发展可以很好地避免这样的分化；二则要优化公共产品的布局，之所以出现分化，是因为公共产品布局不合理。

未来要实现各城市的共同繁荣、"水涨船高"，不是说将来各地发展到和上海一个水平，而是"你提高我也提高，都提高"，相互之间的差距小一点，这样才是大家共赢的选择。

长三角经济与金融一体化：
基于资金流动与 GDP 关联的分析

程　炼　国家金融与发展实验室学术委员会秘书长

长三角地区已经呈现经济与金融一体化趋势，但是与国内其他地区相比，本地区省市之间的资金联系并不非常密切。

我打算从学术研究的角度讨论一下"长三角经济与金融一体化"的问题。当我们在谈论"经济与金融一体化"的时候，我们在谈论什么？实际上这是一个定义的问题。如果梳理一下关于"经济一体化"的说法，很多时候你会发现是同义反复。例如，一个关于"一体化"的定义是：使分散的部分变成一个有机体。那么什么叫作"有机体"？它本身又是如何定义的？这种看起来没有太大意义的咬文嚼字从经济学的角度来说是个很严肃的问题，即该怎样测定经济和金融一体化的水平。这里有两个难点。

第一个难点，寻找反映"相关性"而不仅是"存在性"的指标。关于经济一体化有一个比较简单的理解是"相互存在"。通俗地说就是"你中有我，我中有你"。但是问题在于"存在性"可能不是一个很好的指标。例如，很多殖民地都存在"经济飞地"的概念，就是指殖民地的一些精英人群构成经济与社会生活中的特殊群体，这个群体的文化水平和生产方式相对来说很先进，但是和这个国家的其他经济部门基本没有关系，反而和原来的宗主国联系更密切。在这种情形下，尽管这一经济体存在于某一国家之内，但很难说它和该国其他经济部门是一体化的。

所以在很大程度上存在性不是好的指标，更重要的是寻找相关性。相关性也是在讨论国际市场一体化和经济一体化常用的指标，例如，考虑某地金融受到冲击后，另外一个地区的金融市场会不会做出反应时，我们不需要考虑它们之间具体生产要素的相互渗透是什么样的，如果它们之间有这样的相关性，就可以在一定意义上认为它们是一体化的。但是相关性的指标并不好找，尤其中国一般不存在区域内部的正式金融市场，所以不太容易直接采取测度两地金融市场波动相关性的方法来评价其经济一体化水平，这是一个很大的问题。

第二个难点，区分经济与金融之间的复杂反馈关系。当讨论不仅限于经济一体化而是经济金融一体化的时候，问题就会变得更加复杂。例如，假设我们在浙江观察到了一个金融市场的流动性紧张状况，紧接着我们在上海也观察到了民间理财市场的资金紧张，可以说我们看到了相关性，但是这种相关性应该归属于经济一体化还是金融一体化？这里的联系机制存在各种可能性。最简单的一种就是两地之间有着较高的金融一体化程度，因而浙江的流动性短缺迅速传染到了上海。但还有其他可能，如浙江的资金紧张是因为浙江的经济出现问题，它通过产业和贸易渠道传导到了上海的实业界，进而反映在上海的金融市场。在这种情况下，表面上看起来的金融一体化实际上是经济一体化的反映。如果考虑到经济与金融之间的复杂反馈关系，上面的机制确认还会更为困难。

我们解决这个问题的新工具是"支付系统内部的资金流动分析"。数据来源是中央银行为商业银行和其他金融机构提供支付清算服务的系统——中国现代化支付系统（CNAPS）。这是一个庞大的综合支付系统，其中包括大额实时支付系统、小额批量支付系统等一系列子系统。本项研究更多地依赖于大额实时支付系统，因为它不仅和实体经济活动有很高的相关性，而且可以提供区域之间的资金流动数据。

首先借助大额实时支付系统看一下长三角地区在全国资金流动中的位置。从 2007 年这个系统刚启用的时候到 2018 年，资金流动规模最大的是北京，其次是上海，然后是深圳、浙江、广东等，这个顺序在这段时间内基本上没有什么变化。对于长三角地区来说，好消息是其相关省市都排在前面；坏消息是上海排在北京后面，而且落后很多。这仅仅是从总体规模上来看，一个更细的指标就是各省（区、市）在地区间资金流动上的地位指数（见图 1）。这个指数单纯地考虑各个地区之间的资金流动，我们把每一个省（区、市）在其他地区的资金流入中所占份额加总起来，作为其地位指数。很显然，这个指数的平均值为 1，取值越高，说明这个省（区、市）在地区间资金流动中的地位越高。对这个指数，全国仅有 6 个省（区、市）高于平均值，分别是北京、上海、广东、深圳、浙江、江苏。[1]这反映了地区之间在资金流动方面极度不平衡的状况。而且对于上海来说更糟的是，考虑到地区之间的流动关系，上海比北京落后更

---

[1] 央行原始数据中将深圳数据从广东省剔除并单列。

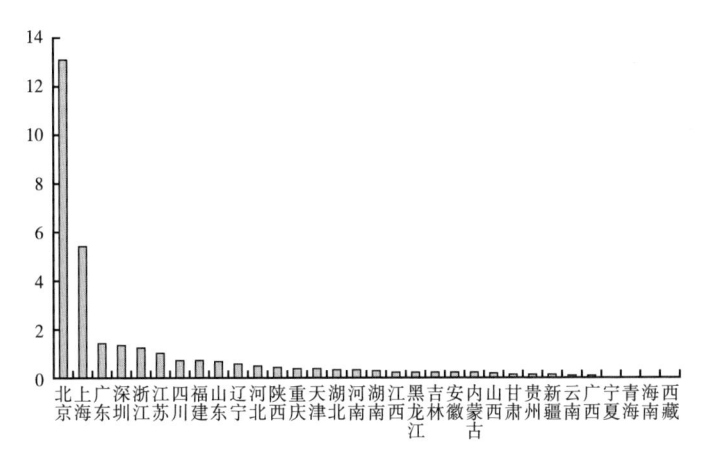

图1 各省（区、市）在地区间资金流动中的地位指数（2018年）

多，这是上海面临的困境，尽管上海被官方确定为全国的金融中心，但是实际上从资金流动的角度来看上海的地位远不及北京。这其中相当大一部分原因在于我国银行主导金融体系下的垂直管理结构。

通过部分省市在大额实时资金流动来源地中所占的比重（见表1），我们再来看长三角地区的资金流动模式。对于长三角内部地区来说，北京仍然是它们最主要的资金流入主体，上海则次之。除上海之外的长三角省市之间的资金流动来源地比重较其他省市的平均水平稍高，如江苏省占浙江省资金来源的比重为6%，浙江省则占江苏省资金来源的7%，占安徽省资金来源的5%。这些数值与其他区域省市之间的资金流动份额相比并不算高，如广东省在长三角三省的资金来

表 1 部分省市在大额实时资金流动来源地中所占比重（2018 年）

地区	北京市	上海市	江苏省	浙江省	安徽省	福建省	山东省	广东省	四川省	深圳市
北京市	—	43%	38%	41%	42%	39%	43%	40%	43%	42%
上海市	34%	—	23%	23%	18%	30%	18%	27%	24%	30%
江苏省	5%	5%	—	6%	5%	4%	3%	3%	2%	2%
浙江省	7%	6%	7%	—	5%	4%	5%	4%	3%	3%
安徽省	1%	1%	1%	1%	—	1%	1%	1%	1%	0%
福建省	6%	8%	4%	4%	2%	—	4%	2%	2%	4%
山东省	4%	2%	2%	2%	2%	2%	—	2%	2%	1%
广东省	8%	8%	5%	5%	5%	3%	4%	—	4%	7%
四川省	3%	3%	1%	1%	2%	1%	2%	1%	—	1%
深圳市	9%	10%	5%	5%	3%	7%	4%	9%	2%	—

源中占比均为 5%。从这一点来看,长三角内部相互之间的资金流动,比起区域之外的省市并没有太多优势。

根据区域资金流动的聚类分析(见图 2),再来看长三角地区资金流动模式的相似性。很明显江苏和浙江是一档,并且与安徽非常接近,但是上海和它们是两个世界,上海和北京更为接近,这也是合乎直觉的。不过这个聚类分析也有一些奇怪之处,如福建和北京、上海非常接近,很令人费解。因此这个图只能做一个参考,对比来看,至少让我们感到安慰的是,浙江、江苏和安徽在资金流动模式上非常相似。不过模式相似并不一定代表三者是一体化的,所以到现在为止,我们还没有解决前面提出的问题,这有待于对资金流动和实体经济运行之间的关系做进一步分析。

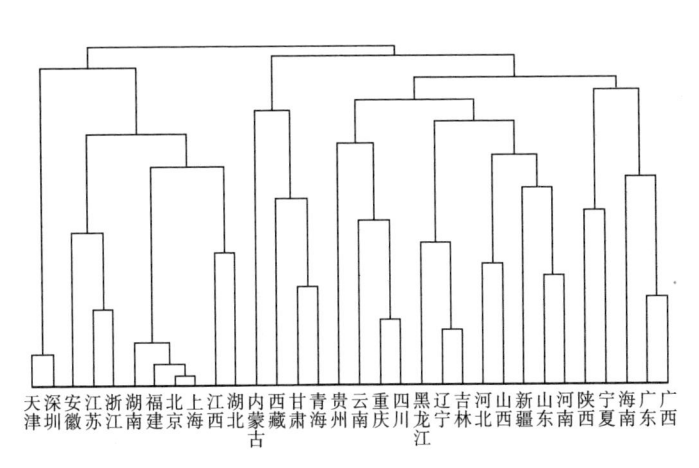

图 2 区域资金流动的聚类分析

支付系统不仅仅是一个单纯的资金流动问题,它和实体经济有很强的相关性。图3是基于大额实时支付系统交易规模的名义GDP增速拟合。可以看到两者之间有很强的相关性,而且尽管回归的R^2不是很高,但是显著性非常强,超过1‰的水平。需要说明的是,大额实时支付系统实际上不是拟合GDP最好的指标。正如《中国支付清算发展报告(2019)》所展示的,使用如银行卡跨行支付金额这样的指标可以取得更好的拟合效果。但是,由于那些指标缺乏区域间交易数据,因此我们只能依靠大额实时支付系统数据进行分析。

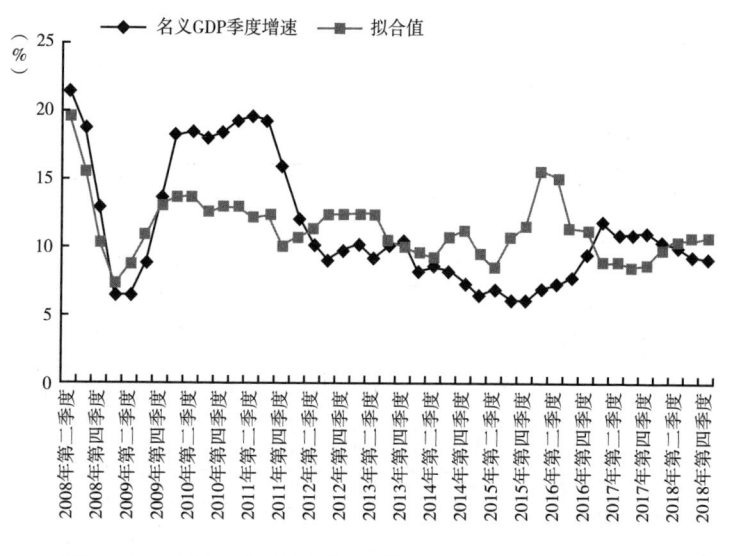

图3 基于大额实时支付系统交易规模的名义GDP增速拟合

需要说明的是,尽管我们在全国层面上观察到支付数据与经济增长之间显著的相关性,但是在区域层面上,这个关系并不一定成立。其中有两个原因。一是由于资本管制,中国总体上是一个相对封闭的金融系统,内部的资金流动因此和实体经济之间有比较强的相关性。但是省(区、市)间就不一样了,尤其像上海这样的金融中心城市,和其他的省(区、市)之间有大量的资金流动,这些资金流动中有很大部分可能和实体经济不相关,只是金融系统内部的资源调配需要等,这就大大削弱了资金流动和本地经济之间的联系。二是由于统计数据本身的质量,其在全国层面要比在地方层面更高一些。

尽管如此,我们对于长三角区域的分析仍然可以得到一些有启发性的结果。首先是一个背景分析(见表2),即长三角地区内部的GDP增速相关性。一星、二星、三星分别代表不同水平的相关性。因此,如果参数显著性达到三星,可以说两者在统计上存在非常强的相关性。

表2 长三角地区GDP增速的相关性

地区	上海	江苏	浙江	安徽
上海	—	*	*	*
江苏	**	—	***	**
浙江	*	**	—	**
安徽	*	**	***	—

注:* 指在1%置信水平上具有同期相关性;
　　** 指在1%置信水平上具有提前一期的预测能力;
　　*** 指加入因变量滞后项之后仍在1%置信水平上具有提前一期的预测能力。

为了简化分析，我们只关注三星水平上的相关性。可以看到，利用浙江的 GDP 能够非常好地预测江苏和安徽的 GDP。相反，上海的 GDP 增速对于长三角其他省市的经济增长实际上没有提供太多可参考的信息。这一现象的可能原因在于，上海是全国性的经济金融中心，其经济运行更多地反映了全国性而非区域性的因素。按照同样的思路，长三角其他省市的 GDP 增速对于上海的经济增长也没有预测能力就可以理解了。

表 3 展示了长三角地区资金流动的相关性差异。在这一分析中，所有的资金流动之间都呈现了显著的相关性，但不同类型资金流动的显著性水平则存在差异。一个值得注意的现象是，江苏的总体资金流动与上海的总体资金流动的相关性要比与上海资金流入或流出的相关性更高，江苏与浙江之间也存在同样的状况。这与我们的直觉是不符的，因为通常我们会认为一个地区的资金流动应该对区域间的资金流动更为敏感。

表3 长三角地区资金流动的相关性差异

地区	上海	江苏	浙江	安徽
江苏	总体>流入>流出	—	总体>流入>流出	流入>总体>流出
浙江	流入>总体>流出	总体>流入>流出	—	流入>总体>流出
安徽	流入>总体>流出	流入>总体>流出	流入>总体>流出	—

上述看似反常的现象反映了经济和金融之间的复杂反馈作用。以上海为例，其总体资金流动与资金流入、流出的差异在于前者还包含内部资金流动，而后者与本地经济运行高度相关。因此，江苏的资金

流动对于上海的总体资金流动比资金流入、流出更为敏感就意味着，其资金流动不仅受到上海资金流动的影响，还受到上海实体经济运行的影响。更进一步地，江苏资金流动与上海实体经济运行之间的相关性又可能来自两个渠道，即上海实体经济活动对于两地之间资金流动的影响，以及上海实体经济活动对于江苏实体经济的影响，这种影响又导致了江苏本地资金流动的变化。

下面我们看一下 GDP 增速和本地资金流动的相关性（见表 4），为了简化分析，我们只关注二星及三星水平的相关性。对于浙江来说，其 GDP 与其内部或者长三角区域间的资金流动没有任何关系；上海 GDP 增速和总体资金流动勉强相关，但与流入和流出不相关；反过来说，江苏的 GDP 增速和它的资金流动是最为相关的；安徽稍微差一点，但是相关性水平也不错。所以浙江在这里显得是个异类，它的 GDP 不仅不受到其他地区 GDP 的影响，甚至不受自己内部资金流动的影响。

表 4　GDP 增速与本地资金流动的相关性

地区	总体	流入	流出
上海	**	*	
江苏	***	***	*
浙江	*	*	
安徽	**	**	**

注：* 指在 5% 置信水平上具有提前一期的预测能力；
　　** 指加入因变量滞后项之后仍在 5% 置信水平上具有提前一期的预测能力；
　　*** 指加入因变量滞后项之后在 1% 置信水平上具有提前一期的预测能力。

我们再看看每个地区的 GDP 增速和区域之间资金流动的相关性（见表 5）。如果只考虑二星水平上的相关性，那么上海的 GDP 增速仅与其和江苏之间的资金流动相关，江苏的 GDP 增速与其同上海和北京之间的资金流动相关，浙江的 GDP 增速仅与其同安徽之间的资金流动相关，安徽的 GDP 增速则与其同江苏、浙江、北京之间的资金流动相关。可以看到长三角区域内的经济增长与北京之间资金流动的相关性超过了上海，另外上海与江苏、浙江与安徽分别构成了资金—经济联系密切的两个小群体。

表5　GDP 增速与区域之间资金流动的相关性

地区	上海	江苏	浙江	安徽	北京
上海	—	**	—	—	—
江苏	**	—	—	—	**
浙江	—	*	—	**	—
安徽	—	**	**	—	**

注：* 指在 5% 置信水平上具有提前一期的预测能力；
　　** 指加入因变量滞后项之后仍在 5% 置信水平上具有提前一期的预测能力；

通过前面的分析有一些初步的结论。第一，长三角地区已经呈现了经济和金融一体化的趋势，因为区域之间的资金流动会影响各地 GDP 和其他地区的资金流动，但是以区域外资金流动的普遍状况作为参照系来看，它们的联系并不紧密。第二，上海在长三角地区经济金融运行的核心地位并不突出,而且在金融领域的影响力不如北京。第三,在江苏、浙江和安徽三省当中,江苏与上海的经济与金融联系最为密切,相比之下,安徽更加边缘一些。第四,也是很有意思的一点,如果只考虑实体经济的增长,长三角区域中浙江而不是上海体现出更强的核心信息特征。也就是说,如果我们想要预测长三角区域的经济增长,不应该看上海,而应该看浙江。当然这并不意味着上海在驱动区域经济增长方面的作用不重要,而仅仅是指在经济增长的关联方面浙江更强,这也是有待我们进一步分析的一个课题。

创新长三角一体化示范区财税分享机制实现投入共担、利益共享

魏　陆　上海市发展改革研究院副院长

财税分享机制面临财力基础、财税体制和招商政策等差异带来的阻碍,在制度设计上应处理好示范区与三地政府、存量企业和增量企业税收、投入共担和利益共享、一体化发展与适度竞争等几个方面的关系。

我来自上海市发展改革研究院，是上海市发展改革委下属研究机构，全程参与了上海"五个中心"建设、"十四五"规划、打响"四大品牌"以及长三角一体化的研究。今天结合我们最新的研究，来探讨怎样创新长三角一体化示范区财税分享机制，实现投入共担、利益共享，这是一体化示范区建设中非常核心的制度。

我主要讲四个方面的内容：一是长三角区域一体化发展与示范区建设；二是构建财税分享机制对一体化示范区建设的意义；三是长三角一体化示范区实施财税分享面临的难题；四是对构建示范区"投入共担、利益共享"财税分享机制的思考。

一、长三角区域一体化发展与示范区建设

长三角一体化目标的国家定位有三个：一是全面贯彻创新发展理念的引领示范区；二是全球资源配置的亚太门户，包括金融资源、创新资源的配置；三是具有全球竞争力的世界级城市群。长三角一体化三省一市的基本情况是：地域面积将近36万平方公里，占全国总地域面积的3.7%左右；常住人口为2.2亿，占全国总人口的16%左右；经济总量是19.5万亿元，占据全国经济总量的23.7%。目前世界公认的五大城市群有：美国东北部的大西洋城市群、北美五大湖都市群、日本太平洋沿岸大都市圈、欧洲西北部大都市圈、英国伦敦大都

市圈。大家一致认为，相比于京津冀地区和粤港澳大湾区，长三角城市群最有希望成为世界第六大城市群。

实际上长三角一体化并非刚刚起步，早在20世纪80年代，国务院就批准设立了上海经济区，这也是当时推进一体化的初步尝试。1983年，国务院直属的上海经济区规划办公室成立，办公室牵头负责长三角上海经济区的一体化推进。上海经济区刚成立时的范围是上海市区及10个郊县、江苏省4个市及18个县、浙江省5个市及27个县，后来范围逐步扩大，1984年扩大为上海、江苏、浙江、安徽、江西，一市四省，1987年纳入福建。但是到了1988年，国务院机构改革，撤掉了上海经济区规划办公室，长三角一体化开始进入一个相对比较缓慢的进程。

1992~2008年，长三角城市圈的合作以苏、浙、沪16个城市为主体形态；2008年长三角地区扩充为两省一市25个城市；2016年，国家发布了《长三角城市群发展规划》，去掉了苏、浙的一些城市，同时把安徽省的合肥、芜湖、马鞍山、铜陵、安庆、池州、滁州、宣城纳入长江三角洲城市群。

党的十九大之后，李强被中央任命为上海市委书记，长三角一体化进程显著加快，李强书记是带着使命到上海来任职的，他在浙江和江苏都担任过领导，对长三角一体化非常了解。2018年1月10日，长三角区域一体化办公室成立了，一年多以来，李强书记曾经三次到长三角区域一体化办公室指导工作，可以看出他对长三角一体化的工作非常重视。

长三角一体化的推进，离不开习近平总书记的大力支持。2005年，习近平总书记在浙江任领导的时候，就提议召开了苏、浙、沪两省一市的领导人会议。2008年安徽省加入，扩大为三省一市的领导人会议。2018年4月，习近平总书记对于长三角一体化做出重要批示，对上海提出了更高的要求。一个重要时间点是2018年11月5日，在第一届中国国际进口博览会上，习近平总书记宣布长三角一体化上升为国家战略。2019年5月13日，中共中央政治局审议通过了《长江三角洲区域一体化发展规划纲要》。

为了推进长三角一体化合作，三省一市的工作机制也在逐步完善。在国家层面，长三角一体化上升为国家战略之后，成立了长三角一体化发展领导小组，韩正副总理任小组组长。在地方层面，成立了三级的运作结构：第一级是决策层，也称为三省一市主要领导座谈会，每年开一次；第二级是协调层，是长三角地区合作与发展联席会议，这是三省一市常务副省长或者常务副市长牵头的会议，主要负责落实决策层的重大决议；第三级是执行层，是联席会议下设的办公室。2018年1月，长三角区域合作办公室成立，它是一个常设机构，三省一市都派驻了工作人员，处理长三角区域合作的日常事务。同时还设立了12个专题组，包括交通、产业、科技、信用等12个行业，其运作机制也趋向成熟。

《长江三角洲区域一体化发展规划纲要》对于长三角区域一体化的定位可概括为"一极三区一高地","一极"是指全国发展强劲活跃的增长极,"三区"是指全国高质量发展样板区、率先实现基本现代化引领区、区域一体化发展示范区,"一高地"是指新时代改革开放新高地。

对于上海来说有两个重要的区域,一是长三角一体化生态绿色发展示范区,二是上海自由贸易试验区新片区。为什么要设立示范区?长三角区域有36万平方公里,面积很大,一些重大制度的创新,必须要先在局部试点,所以在长三角一体化中提出了示范区的概念。示范区的一个要点是制度创新,不像原来主要是打通"断头路"、建设基础设施、实施产业协同,而是要统一规划管理,统筹土地管理,建立要素的自由流动制度,协同公共服务政策,协调利益,创新财税分享机制。对于示范区来说,要有决策协调机制、开发建设管理机构、开发建设平台公司,因为短时间之内要出成效,很多运作机制必须要理顺。

示范区包括三个县:嘉善、青浦和吴江。面积两千多平方公里,仍然太大了,所以又设立了一个先行启动区,或者叫作近期重点建设区域,三个县选出五个镇,以五个镇为先行区域的启动区。所以整个长三角一体化制度创新说起来容易,实际上有很多困难、障碍要突破。

二、构建财税分享机制对一体化示范区建设的意义

《长江三角洲区域一体化发展规划纲要》提出,示范区的建设要创新财税分享机制,理顺利益分配的关系,探索设立跨区域投入共担、利益共享的财税分享管理制度。其意义主要体现在三个方面:一是有利于调动三地共担投入的积极性,为示范区建设提供可靠的财力保障;二是有利于示范区内的产业协同发展,实现资源的自由流动和最优配置;三是有利于形成可复制推广的制度创新样本,提升长三角地区一体化发展水平。

三、长三角一体化示范区实施财税分享面临的难题

长三角一体化面临的难题是什么?我们曾到青浦、嘉善、吴江做了实地调研,发现以下几点。

首先,三个地方的财力差异非常大,青浦财力最为雄厚,是两百亿元的体量级,吴江的财力有一百多亿元,而嘉善的财力只有几十亿元,怎样实现投入共担、利益共享?都"吃大锅饭"不太现实,怎样统筹?三个地方财力不一样,政府债务负担也不同,上海财力雄厚,同时债务负担轻,而有的地方政府债务负担非常重。

其次，我国目前实行分税制，上海是直辖市，浙江由省管县，实行三级体制，而江苏实行四级体制，每一个税种到了区或县级分成的比例都不一样，要如何统筹？如果要把区县级都统筹了，那么各个地方拿出的贡献也不一样，所以这其中存在很大的矛盾。

最后，三个地方的招商引资政策有很大的差异，我们考察了三个地方的产业，总体雷同还是比较严重的，错位竞争也没有实现。

四、对构建示范区"投入共担、利益共享"财税分享机制的思考

关于如何构建示范区"投入共担、利益分享"的财税分享机制，我们做了很多研究，例如京津冀区域，对于它的协同发展中央有相关的政策支持。再如上海洋山港的开发，区域是浙江的，但是管理是上海的，也建立了财税分享机制。一些跨区域的园区开发也为示范区财税分享机制建设提供了借鉴。在设计、研究财税分享机制方案的时候，我们认为要处理好五个方面的关系。

一是三地政府、示范区管理执行机构及开发建设主体之间的关系，示范区要打破行政边界，但是又不能改变行政隶属关系，原有的三地政府仍然要运作，需要有一定的财政收入。

二是存量企业与增量企业税收之间的关系，存量企业的利益是不

可触动的。

三是要考虑投入共担和利益共享之间的关系，哪些要共同投入，哪些要分享，要有一个清晰的界定。

四是区域一体化发展与适度竞争的关系，地方政府的适度竞争对于我国经济快速发展非常重要，不能一刀切，也不能吃大锅饭。

五是先行启动区与示范区及整个长三角区域之间的关系，即几百平方公里、两千平方公里与36万平方公里的关系，制度要可复制、可推广，这都是对制度设计的考量。

我们也提出了几个方面的对策建议：一是共同出资组建市场化的示范区开发建设主体，大家共同投入，将股权进行合理分配；二是前五年建设期内示范区税收"中央拿走、地方全留"，为了支撑示范区的建设，在保证中央税收的前提下，前几年地方税收是否可全留给示范区以支撑其发展？三是对政府主导的迁入企业进行合理的税收分享，可以借鉴其他地方成熟的机制；四是运用部分增量税收建立示范区"资金池"，比如拿出增量税收的20%用作开发建设主体运营；五是统筹示范区的招商引资政策，这不是"一刀切"，而是统筹好产业门槛，形成合理的产业链、价值链分工。

推动长三角区域经济金融一体化

徐明棋　上海国际金融与经济研究院特聘研究员、
　　　　上海欧洲学会会长

长三角是中国经济最辉煌、增长动力最强劲的区域，但也存在区域发展缺乏协同配合，并伴有相互竞争，没有形成协同效应的问题。

一、长三角一体化发展是国家重大战略

长三角一体化是中国进入新的发展阶段的重要国家战略之一,关乎经济发展的可持续性。其目标是建设最具有影响力和带动力的新的增长级。在新时期,由于经济结构已经是第三产业占主导,增长动力在逐渐下滑。中央试图通过长三角一体化,形成新的经济增长极,带动整体结构转型。因为长三角是中国经济最为活跃、增长动力最强劲的区域,是最具有国际竞争力的城市群之一。长三角产业门类齐全,产业配套链条完整,是中国最重要的制造业基地。从金融层面来看,长三角是中国金融资源和资本实力最为雄厚的地区,有着完整的金融要素市场和金融服务实体经济的传统与机制。金融市场和金融机构的覆盖率领先全国。

二、对外贸易程度高于全国平均水平

长三角对外开放度在全国也是非常领先的。外贸、外资和对外投资都高于全国平均水平。除了安徽之外,长三角对外贸易程度高于全国平均水平,上海的外贸依存度为104%,浙江为44%,江苏为47%,安徽低一点。长三角三省一市的生产总值占全国GDP的

23.48%，财政收入占全国的13.9%，存款余额占全国的25%，可见长三角的金融资源相对财政资源更加丰富。三省一市的外商投资总额存量累计达到了2.22万亿美元，是全国外商投资累计总量6.12万亿美元的36.3%，是除广东省之外海外投资最集中的区域。

在对外投资上，三省一市非金融类的ODI在2003~2017年累计达到了1717亿美元，是全国各省、区、市对外非金融类投资总额（5239.2亿美元）的32.8%，是全国企业率先"走出去"进行国际化经营的"桥头堡"。

三、长三角一体化发展程度有待提高

长三角尽管在经济、社会、产业发展等各个指标领先于全国大多数省、区、市，但是在以往的发展过程中，各自都是按照自身的目标独立规划和发展的，缺乏协同配合。尽管20世纪90年代以来，国家层面、地方层面都不断推动长三角一体化，建立了各种各样的协调机制，但是并没有形成真正的整合效应。党的十八大以后，习近平总书记把长三角一体化发展作为重大的国家发展战略，并将其提到了打造新的增长极的高度，我们现在要认真地总结和规划未来的发展思路。

从金融一体化的角度来看，金融是服务于实体经济活动的行业，金融资源的整合首先要依赖于长三角大市场一体化程度的进一步提高，依赖于产业链关联程度的提升。而在产业整合方面，三省一市目前正携手共同努力打破行政区划的藩篱，为企业在跨越行政区域整合资源、调度资金以及布局细分市场方面提供有利的条件。长三角要按照《长江三角洲区域一体化发展规划纲要》打造G60科创走廊，在这个背景下，金融资源的支持是不可或缺的，但前提是各类融资渠道和金融服务都能够按照一体化市场的要求来整合。

从理论上来说，金融资源在全国流动应该是没有障碍的，投融资活动跨越行政区划也已经没有了严格的限制。但是，我国的大银行按照行政区划设置各个分支机构的传统做法以及行内对跨区域投融资活动的限制，客观上导致跨行政区域的各种投融资活动不够活跃。严格来说，上海作为全国的金融中心，为长三角提供金融服务的功能不存在法律上的障碍或者说制度上的障碍，但为什么各类行政性指令仍然使得金融服务市场化不足。

首先，上海作为改革开放的先行者，在金融改革方面的探索，由于各种原因，无法率先在长三角进行复制推广，比如上海自贸试验区FT账户的经验没有在浙江自贸区以及长三角推广，而是拿到了海南复制，人民币跨境资金池也没有延伸到长三角。当然对背后风险管控的考量是很重要的原因。但是，这种行政性的制约，客观上对长三角一体化形成障碍。正因如此，各地都有发展自己的金融业甚至打造本地金融中心的规划和思路，这客观上导致长三角的金融市场一体化程度并不比其他区域高。长三角的各类金融机构如果能够更多地将整个长三角作为整体的目标市场，不仅仅限于本地，那么就能产生更大的规模效应。

其次，金融是一个风险行业，在新的科技不断发展、金融科技突飞猛进的背景之下，金融活动也不再是银行、保险、证券、基金、信托等传统金融机构的领地。科技公司、信息咨询公司、电商平台等一系列新型公司通过互联网和数字化的手段，侵蚀着传统金融机构的领地，导致金融风险管控变得更加复杂。长三角作为经济发达地区，诚信文化在全国处于较为领先的地位，但是也并非风险的免疫区。根据数据统计，长三角也是 P2P 爆雷的重灾区。这与长三角科技企业、咨询企业集聚度高存在相关性，也与信用管理未能协调整合、监管未能一体化有很大的关系。

信用仍是所有新金融工具的基础，信用关系在大数据条件下变得更加透明也更加脆弱，比如数字货币、区块链应用，账户记录不再依赖中心，区块链所有的网络连接点加密记录，似乎更加安全。但是从事这些数据交易和管控的平台，其本身的信用就构成一个重大的问题，所以说信用风险，并没有因为新的金融科技而减少，只是改变了形式。比如说欺诈、道德风险就变得更加难以识别，风险定价也变得与以往不同。金融监管变得更加困难,因此长三角信用信息共享和信用评级、评估一体化就需要加速推进。

四、长三角一体化发展的政策建议

第一,整合长三角三省一市国有股权交易所。在上海联合产权交易所的基础上成立长三角联合产权交易所,各地的交易所成为联合交易所的分所。这样可以提高长三角产权交易的活跃度,提升知名度,打造长三角产权交易一体化市场。

第二,联通三省一市的信用平台。我们的信用数据平台,就是诚信体系建设下的信用信息平台,现在正在逐步开放,为企业提供查询服务。长三角应该率先把它们联通起来,让在长三角提供信用服务的机构有权进入联合的信用分析平台,提供跨区域的信用服务。建议组建三省一市信用服务行业的联合会,现在上海有这样的协会,而浙江、江苏和安徽,有的开始组建,有的还没有。如果有的话,可以有效提升长三角地区的信用服务水平,同时为信用体系的构建提供一个更好的推动力。

第三,构建三省一市金融同城化的服务网络,取消在支付、汇款转账、信贷、清算结算等方面非同城的限制和收费,推动长三角金融和信用经营活动一体化。

第四，在现有三省一市的地方金融版（监管局）主任圆桌会议制度的基础上，设立专门的长三角金融监管协调常设机制（处室），专人负责监管信息的交流对接，加强监管的协调和联动，优化金融一体化的软环境。

第五，允许三省一市的城市商业银行在《长江三角洲城市群发展规划》中的城市开设分行，从事跨区域业务，为中小企业提供更多有竞争性的服务。

第六，上海自贸试验区FT账户拓展至长三角所有的科创型企业，为集聚国际科创型资源提供通道。

第七，上海国际金融中心的各个要素市场——证券、基金、期货、保险、黄金、外汇都要思考如何利用长三角的腹地，提升其交易便利度和效率。比如上海期货交易所与舟山合作，把期货原油和现货仓储联系起来，实现优势互补，期现结合，合作共赢。其他交易所和市场也可以根据各自的特点开展合作，比如证券市场开设长三角债券特别板块，保险交易所针对长三角开设长三角再保险交易品种等。理论上，上海金融中心并非直接为长三角服务，而是面向全国和全世界，但是长三角一体化将夯实上海国际金融中心的基础，提升其国际竞争力。

第八，上海自贸试验区的金融改革和扩大开放的其他成果可以复制推广到长三角更多地区，比如跨境人民币资金池可以在杭州、南京、合肥有选择地试行。在已经建立的长三角产业发展基金的基础上，可建立长三角科创基金、绿色发展基金、长三角文化发展基金等具有特殊功能的基金，为长三角科创企业、绿色发展项目和主流文化项目提供具有特殊功能的融资渠道。各省市现有的各类发展基金要改变只向本地区投资的现状，可以建立协同合作机制，类似银团贷款，对长三角重点发展项目和一体化合作项目共同投资，提升规模效应和项目筛选质量。

第九，在长三角医疗、社会保障互联互通试验的基础上，推进长三角一体化的养老、医疗社区建设，以应对长三角城市人口老龄化挑战。应优先考虑投资三省一市的医疗和社保基金，并带动民间资本投资，形成良性循环，以金融促进养老和医疗市场的一体化发展。可选择长三角的一两个城市，率先建立长三角养老试验区，三省一市的医疗社会保障资源和金融资源协同配合，实现市场运作的商业可持续性，然后再扩大推广，我想这也是很有意义的。

深度城市化与超级大湾区

邵 宇 上海金融与发展实验室理事、
国家金融与发展实验室特聘高级研究员、
东方证券首席经济学家

城市化的目的是形成新一代的城市群结构，最终能够使人口红利变成人力资本红利。大湾区的崛起不仅意味着大量的基础设施、公共服务的投资建设，还意味着能把周围区域的优质资源整合配置，带来新一波的产业升级，为整个中国经济注入新的活力。

前面几位专家从各个角度分享了推动长三角区域经济金融一体化的思路，我补充一些来自市场的观点，即把理念、政策作为前提，从市场的角度出发，提出一些一体化建议。

一、三纵两横：中国经济地理新格局

中国所取得的很大成就或者经济增长的主要来源是传统的城市化模型，也就是"新城建设"模型。现在做的一体化生态区，也都是各类建设，这会有效促进GDP的增长。比如说，某一个地区将地铁、公交轨道线路铺设好，政府的行政部门和行政中枢会搬过去，然后建立项目中心，招商引资，运营城市。但目前，"新城建设"模型有一个大的问题，就是这种潜能随着人口红利的消散，会造成财政和货币的杠杆率不断上升。应该说传统模式的高潮已经过去，这是造成房地产市场面临资产泡沫的一个原因。

未来在哪里？我们认为需要升级城市化的核心模式。我们一直在争论的关键问题是究竟应该做小城镇还是大都市，现在大家形成一个共识，还是要做大城市群的聚集。

当然，建立城市群的根本并不在于简单堆积所有的资源。未来十五年的时间里，原来往返于城乡的务工群众，也就是说大家所说的农民工，能够安居在城市，享有城市化的红利，能够通过提升自己的人力产出，有足够的资本在核心城市群真正生活下来，这才是中国未来经济发展的终极动力。

传统的以造新城为模式的土地城市化带来了非常多的问题，比如说留守儿童。还有一个很严重的后遗症，就是春运。春运是这颗星球上规模最大的哺乳动物的迁徙，36亿人次的哺乳动物来回倒腾，为什么会出现这种情形？在座的各位不一定都是上海本地人，在一线城市，以我的收入不一定能够容纳我的肉体，但是我的家乡又容纳不了我的灵魂。城市化的目的是形成新一代的城市群结构（包括核心大湾区），最终能够使得人口红利变成人力资本红利，人口定居在这片区域，这就是未来的核心蓝图。大家知道中国经常分一、二、三、四线城市。未来会有四类城市群，第一，超级大湾区，京津冀是渤海湾的大湾区；粤港澳大湾区；长三角有两个湾区，一个是向北的通州湾湾区，一个是杭州湾湾区。第二，五个二线城市群，这是产业转移的最基本地带，它们被叫作"黄金十字架"，包括沿京广线分布的三个城市群，还有沿黄金水道长江分布的三个城区。第三，特色的经济区域，可以叫三线城市。第四，地缘跟能源的敏感区，都在延边和沿海地区。这四个区域是未来中国发展的核心区域，也是可以进行大量投资以及体制变革的区域。

二、城市群的建设

未来的竞争已经变了，不再是县级竞争，而是城市群之间的竞争。我们对每个大湾区进行了细致的研究，其基本要素是差不多的，比如每个湾区都有自贸区，有些有金融市场基础设施、广阔的腹地产业和科技走廊，还有些有宜居城市的要素。超级城市群的要素已经配齐，城市群能否完成下一轮的成长和改革呢？

作为市场人士，我们提出很多建议，比如不要进行简单的行政区划调整，而是应通过市场自发形成统一的市场、统一的要素分配，以及交易场所。众所周知的几个全球成功的大湾区，它们的经济总量很明显地高于其他地区，并不具有行政吸附功能，而是自然而然地形成了市场一体化，也没有复杂的财政分成问题，一般都采用一体化管理。当然它们也需要解决如何提供公共服务，怎样合理评估房屋土地价值，以及如何按照市场逻辑分布产业的问题。

按照中国历来的发展逻辑，政府在整个一体化的过程中扮演着重要的角色，政府可以做什么？它的盲区在哪里？我们可以做哪些投资布局或者重大产业？

上海对标的城市应该是纽约或者伦敦，不过城市化的结构反而更像东京，东京和上海都有很大的中心区域，但是它们向周边的辐射能力完全是两个量级。所以从上海的角度来看，长三角一体化的建设可以模仿东京，对周边区域进行全力对接，我们希望这个对接的层次可以更高，比如像户籍、财税，包括土地大面积地放开，能否在示范区里做？也许未来，在这个区域中落户就没有户籍限制了，土地都是市场化交易的。

我们该如何看待示范区？我曾经跟上海市很多做规划的领导交流，他们说示范区规划一出来房价就翻倍了，这让示范区很难做。我们跟东京的一体化方案进行比较发现，从东京周边40公里的地方去城区，交通上有很多选择，比如JR、城铁、新干线。但是从崇明或者昆山到上海，需要的时间非常长，你只能一站一站地坐地铁，因为这个地铁是一条线，如果开快了会碰到前面的列车。而日本的城铁、地铁和轻轨是可以混合运行的，有8~10条线，乘客有更多的选择。现在我们的轨道建设满足不了需求，日本的固定资产投资大概相当于GDP的180%，中国只有40%~50%，所以在重点区域做基建是有空间的。

另外，在新的区域里面比较容易做出成果。建设新的示范区大概有两个思路。一个是体制调整，比如，户籍、财税、土地，包括农村建设用地的入市操作，需要做体制的深度调整，以及深度城市化融合。二是从比较实际的角度来讲，2300平方公里的示范区需要做基础设施的投资。现在上海，特别是中心城区的基础设施没办法再更新,但是在示范区可以做系统的布局,比如构建多层高架道路系统来支持未来人工智能、无人驾驶的新能源车辆运行场景。另外还可以围绕关键综合交通枢纽做地铁上盖项目,也可以通过PPP的方式激励更多的民间资本进入相关领域,以提升它们的建设参与感和利益获得感。

据我所知在青浦金泽,华为部署了大概1.5万名5G和IOT的研发工程师;在浙江,阿里对智慧城市(城市大脑)也进行了很多实践。可以考虑诸如日本丰田的氢能汽车,作为新区新能源基础设施解决方案的一个有机部分,也为外企外资提供长期投资的充分施展场所,为新一代产业更新、聚集能量预留空间。当然在这个区域进行智慧城市的运营,需要高量级的基础设施,基础设施建设的资金可以通过发行多币种的长三角一体化市政建设特别债券来获得。长三角区域为上海自贸区金融市场上的人民币资产池迅速扩容提供了一条绿色通道,境外长期投资对这样一个类似于国债评级的金融产品也是非常感兴趣的。我们必须要完善资金来源机制、项目完成机制,把足够的人口引导到这里幸福生活,还要保持相应可持续的自然环境的综合规划。

对于市场研究者来说,很多事情恐怕不能做到特别理想化,只能在理想和现实当中反复研判。当然我们会从市场角度出发,为一体化进程添砖加瓦,比如我们可以发行一些一体化的特别债券,支持国资结构调整的 ETF 基金。作为智库研究者，希望能够提出机制和体制调整方面的建议，这样我们才能把理想和现实联合在一起，为未来的长三角一体化成为全球最大的超级城市群做出应有的贡献。

第四部分

金融科技与资管行业

《中国金融科技运行报告（2019）》要点分享
杨　涛

金融供给侧改革中的资管行业
曾　刚

中国经济为何"易冷难热"：结构转型与广义信贷
张　斌

金融科技与上海机遇
孙　涛

信托业转型：从资产管理到财富管理
王　涛

《中国金融科技运行报告（2019）》要点分享

杨　涛　上海金融与发展实验室理事、
　　　　国家金融与发展实验室副主任

科技给金融带来的影响有两条线索，一条是经济需求端倒逼金融发生变革，另外一条是新技术本身也会给金融产业链带来深刻影响。

一、数字化时代的挑战

"金融科技"话题近两年越来越火爆,但是对蕴藏在其背后的理论逻辑、实践逻辑以及各方面要素还需要进一步梳理。对金融科技的讨论不仅限于科技自身,还包括整个数字化时代面临的挑战。关于新兴数字经济有很多不同描述,归根结底是数字科技在改变原有的分工模式,对企业结构和产业结构层面都产生深刻影响。进一步来看,金融创新根本上还是为了应对经济社会发展当中的数字化挑战,为适应这种变化,金融也会发生变化。

有机构测算 2018 年我国数字经济对 GDP 的贡献度已经超过 1/3,似乎有些高估。从历史数据看,传统意义上用 ICT 产业来衡量新技术、互联网产业对于经济的贡献度,由此产生了"索洛悖论"。20 世纪 80 年代,罗伯特·索洛试图利用计量技术对这一新兴产业的经济贡献进行测算,得到了令人大跌眼镜的结论——计算机产业几乎对生产率没有贡献,对 GDP 的贡献也很小。仅基于 ICT 产业的衡量范围可能还是窄了一点,后来 OECD 慢慢把这个扩展了,在其报告中提到数字经济带来的经济贡献大体上可以分为三个方面:直接贡献、间接贡献、福利改进。

要正确认识新技术给整个经济社会发展带来的深刻影响,它给金融带来的影响有两条线索，一条是经济需求端进一步倒逼金融发生变革，另外一条是新技术本身也会给金融产业链带来深刻影响。例如，过去往往是金融机构内部才能做的一些业务，现在在合规前提下可以通过外包或与第三方合作来更好地完成这样的业务，这就意味着技术不仅仅改变了经济产业链，也给金融产业链带来了深刻影响。2013年以来，互联网金融在发展过程中确实遇到一些问题，由于缺乏理论共识、监管底线不清晰，过于"大干快上"，出现了很多"豆腐渣项目"。在当前特定历史时期，既要反思过去的问题，也要抓住金融科技创新的历史窗口期。

二、《中国金融科技运行报告（2019）》要点分享

我们以《中国金融科技运行报告（2019）》的视角，简单汇报一下我们研究金融科技的相对稳定的框架。

研究具体分为五部分，第一，技术篇。技术篇的框架同上一本基本保持一致。分为大数据、人工智能、互联技术、分布式技术、安全技术及其应用，把主要的技术变迁简单做了一下梳理。目前在大数据技术应用过程当中面临的挑战是，由于大数据的数字资源是金融科技创新最重要的生产要素，一方面需要打通数据孤岛，提升数据流转效率，另一方面要加强数据信息保护，这就面临一个"向左走向右走"

的难题。人工智能领域的技术在快速迭代和发展，与此同时国内也涌现出众多打着 AI 旗号的公司，其注册公司数量有 7000~8000 家，这里面肯定存在大量问题，存在一些缺乏技术创新能力的企业。技术应用过程当中面临诸多挑战，近期这个领域关注度最高的是新一代 AI、5G、金融云和人脸识别。在每一类技术的演变过程当中，一方面不能高估它的作用，因为其中可能有一些泡沫。另一方面也要看到它对原有商业模式和运营模式带来的深刻冲击和影响。比如在分布式技术中，与其说区块链更受关注，还不如说金融云这几年在传统金融领域已经开始更加广泛地布局。在生物识别技术方面，2019 年人脸识别技术是重中之重的一个讨论环节。从监管部门与行业推动的视角来看，其实大家还没有形成共识。例如从监管者角度来说，若推动人脸识别与支付相结合，线下风险还相对可控，因为支付场景比较真实，身份验证具有更多元素，而在线上存在大量抗活体检测技术，这会对抗现有的身份认证和安全认证技术，这其中的风险和挑战就值得思考。总而言之，"技术篇"每年都结合最新进展做一些梳理。

第二，行业篇。虽然我们认为未来技术会越来越强烈地冲击和影响原有的金融子行业的边界，更多会着眼于金融产品和功能，但这需要较长时间才能实现。短期内仍然需要研究银行、证券、保险等持牌金融机构在拥抱金融科技过程中发生的变化。近些年，银行与技术的结合催生出很多概念，从最初的电子银行、网上银行，到当前的互联网银行、直销银行、开放银行等，归根结底是这些新技术在从根本上改变着原有银行的业务、产品、组织、风控、外部合作关系等。当然我们在研究中也发现，不同规模、不同区域的银行，在拥抱金融科技时路径是有差异的。在我国银行业，有一些是中小银行，它们需要着眼于在新的情况下拥抱技术，获得重生；有一些是新兴数字化虚拟银行，类似于微众和网商银行，它们没有历史包袱、资源禀赋也不同；再有一些是大型银行，它们的数字化道路又是有差异的。美国大量小银行在发展过程当中要么聚集于社区，充分利用软信息解决问题，要么拥抱数字化，要么融入大企业、大机构当中，实现合作共赢。所以数字化与金融科技是银行业发展过程中绕不开的主线。

2018年证券科技取得长足发展，包括人工智能逐步推广、区块链应用开始落地、云计算平台稳步扩张、大数据涵盖范围逐步扩展、移动互联覆盖持续增强等。过去金融科技在证券业应用程度不高，更多是用来解决渠道获客问题，现在这个情况发生了变化。在保险领域，保险的根本是风险定价，金融科技可以帮助保险公司更有效地判断风险。新技术很明显对传统运营模式产生了深刻影响，除了银行、证券、保险领域开始应用，近期有一些公司在讨论信托科技。过去信托公司着眼于通道业务，赚钱比较容易，现在情况发生变化，当进一步遭受外部压力的时候，信托业必须求变，一方面是诉诸商业模式，另一方面就是技术与系统结合带来一些变革。总而言之，整个传统金融业，持牌金融机构是在全面拥抱金融科技。

第三，业务篇。这里我们着眼于业务与功能，更关注主流金融体系之外边缘地带的金融科技创新活动，业务篇沿用了巴塞尔委员会的研究框架。

该篇对新兴科技创新业务及活动分了很多类，包括支付清算、投资管理、市场设施、存贷款和资本筹集。支付清算类大家关注两类问题，一是移动支付，二是这个范畴涵盖的数字货币问题，如近期Facebook的数字货币Libra引起各方热议。除此之外，整个支付清算的基础设施（不仅包括零售支付工具，因为零售支付工具只是相当于金融市场基础设施里面的"家用交通工具"——家用自行车、汽车，并不是"公用交通工具"，如飞机、列车，各种各样的道路、桥梁、机场）都在受影响和冲击。存贷款和资本筹集方面，网贷、众筹等互联网金融当前都在遭遇合规与技术双方的冲击和影响，书中我们也做了一些相关分析。投资管理类中，随着数字技术兴起，智能投顾投研等技术性应用改变着原有生态。市场设施层面，软设施和硬设施都受到一些影响，会计信息问题、消费者保护问题、反洗钱问题等，都受到了技术的冲击和影响。如我们国家正在进行的第四轮反洗钱讨论，这个问题既可能受到金融科技的挑战，也有可能利用新技术解决一些难题。

第四，风险篇。讨论风险问题也有不同视角，因为现有讨论中跟金融科技有关的风险经常会混在一起，研究当中需要关注跟金融科技有关的活动、产品、模式究竟会产生哪类风险，这些风险是系统性的还是非系统性的，是传统风险的演变还是全新风险。在此基础上，还需要回答一个问题——怎样把新技术应用到风险管理当中，以应对传统风险和新兴金融科技风险并存的情况？这是两种截然不同的视角，一种着眼于风险本身，另一种着眼于探索如何利用技术进行更好的宏观、微观风险管理，这是在推动金融科技健康发展过程中是亟须关注的。与此同时，在系统体系建设方面、征信体系建设方面，新技术的着眼点越来越多。从监管与合规角度来看，全球都越来越重视利用新技术解决原有矛盾。从监管角度来讲，解决很多风险问题得靠现场监管，但是现场监管需要资源，而利用大数据新技术可以缓解很多成本问题。现如今全球金融机构的合规成本越来越高，许多机构陷入文山会海之中，陷入非规范信息采集之中，如果能够解决这一方面的信息传输问题，某种意义上也有助于降低机构的合规成本。所以说着眼于风险与安全角度，技术有大量工作可以做。

第五，比较篇。在全球视野下讨论金融科技与过去讨论互联网金融不一样，互联网金融更多是基于中国特色，而金融科技是全球所关心的、共同面临的挑战，与此同时，无论是理论层面还是实践层面，都有大量因素可以进行比较。我们在文献梳理时发现，一些信息技术无论是在货币经济层面还是在金融层面，其影响都非常深远。货币层面的主流货币经济学，其内涵深处是研究货币的微观基础，某种程度上可以对接当前数字货币研究。微观层面来说，技术对于金融市场交易者的行为、定价等都会产生深刻的影响。

我们想未来对各个国家金融科技发展状况进行更多的比较研究，因为现在大家说到金融科技发展的时候，经常会试图进行各种横向比较，但在横向比较当中需要对金融科技发展的程度有一些具体的衡量标准，现有的很多分析更多依靠专家打分。长远来看，分析金融科技发展无非三个问题：一是金融科技在应用端发展程度怎么样？二是场景端怎么样？三是技术与场景两者衔接这一端有什么进展？

我们在该报告附件中对国内不同城市典型科技发展的状况进行了分析。北京、上海、深圳、杭州在发展金融科技方面资源禀赋多一点，纷纷进行了布局。广州、成都也根据其局部特色积极推动金融科技。从金融科技发展方面来看，不同城市要结合自己的资源禀赋有所侧重，未来金融科技发展不是一哄而上的，在发展过程当中需要进行更多的顶层设计。比如金融科技产品标准化问题、金融消费者保护问题、产品与业务边界问题,这些都是为了避免重蹈互联网金融的覆辙,是我们未来所需要克服的。相信未来在上海国际金融中心建设过程当中,金融科技会成为一个非常重要的元素,我们作为实验室的团队之一也会继续致力于对上海金融科技的研究与创新。

金融供给侧改革中的资管行业

曾　刚　上海金融与发展实验室理事、
　　　　国家金融与发展实验室副主任

就金融结构优化的总体定位来说，资管行业是未来直接融资市场发展的重要支撑力量。"资管新规"以及一系列相关政策出台，即是要将间接融资"通道"变成真正意义上的直接融资"渠道"。

大家对资管行业已经谈了很多，最近资管行业也是热门话题。一方面，诸多银行理财子公司纷纷开业，大家对此寄予厚望；另一方面，在国务院金融稳定发展委员会2019年7月20日发布的11条金融业对外开放的措施（以下简称"开放11条"）中，资管行业开放也是其重点。以往我们探讨资管行业通常在具体业务层面展开，由于今天是整个金融与发展实验室范围的主题讨论，我就将此话题扩展到更大的框架下进行探讨，其中也涉及资管行业的未来定位，因此视角更为宏观。

一、资管行业的发展定位

关于金融供给侧改革，国家金融与发展实验室的各位专家，尤其是李扬老师已有非常详细的论述，我就不再赘述。金融供给侧改革涉及很多内容，包括金融体系结构优化，银行体系和资本市场精准支持、强化治理，金融基础设施建设等方面。其中，个人认为最重要的当属"金融体系结构优化"。为什么讲"金融体系结构优化"？结构性改革当然说明原来的供给结构存在诸多问题。从供给方来讲，最大的"结构"就是直接融资和间接融资的区分，传统意义上我们如此划分。中国的很多经济问题，均是由间接融资占比过高引起的，因此要解决杠杆率过高、债务风险等问题，均须寄希望于金融体系的结构优化，这里就涉及直接融资市场的发展。对 2019 年 7 月 22 日上午开市的科创板，大家都非常关心，实际上它也是直接融资市场的组成部分。科创板的目的是发展资本市场，提升资本市场能力。从这个角度讲，未来相当长的一段时间内，中国的金融改革和金融政策，都将涉及直接融资体系的发展，这是一个很大的背景；在现有体系中，如何看待资管行业所处的位置及其角色变化，是我接下来要与大家探讨的内容。

正常来讲，很多国家都经历过融资结构的变化，即从间接融资占主导到直接融资占比逐步提升，但这些国家的融资结构变化不都是依赖政策推动的，更多依靠市场的自发演进。原因很简单，随着间接融资监管的强化，以及利率市场化的深入，市场自身也有发展直接融资体系的动力。国外的情况通常是这样，一方面，对间接金融机构，主要是银行强化监管，这始于 20 世纪末期巴塞尔协议对银行资本充足率的要求，实际上限制了银行表内信用创造能力，使资本变得非常稀缺；银行表内资本无法扩张，自然会寻求新的资本发展模式，即向表外转移。从市场自身的演进角度讲，这是正常逻辑。另一方面，利率市场化也是重要的推动因素，体现了金融机构转型的内在需要。长期以来，间接金融机构，像银行这样的信用中介机构，通常将存贷利差作为主要收入来源。而在利率市场化过程中，这种盈利模式必然会受到极大冲击，因为利率市场化意味着存贷利差空间迅速收窄。其实，类似的情况在中国已经发生。从其他国家利率市场化历程中亦可看出，在此过程中，大量银行退出是必然现象。成熟的市场化国家，除美国情况比较特殊外，银行利差非常之低，大多在 1% 以下；欧洲利率则几近为负，银行能否取得利差都成问题。中国市场利差变化的趋势非常明显：2012 年达到巅峰，即整个行业利差接近 3%；目前利差降到仅为 1.8% 左右；我们预期，未来银行利差仍会持续下行，或降至 1.5% 以下，甚至 1%。如果银行利差持续下行，则以存贷利差作为主要收入来源的盈利模式将难以为继，多数银行在利率市场化过程中会受到较大冲击和影响。当利差空间收窄时，银行必然大力发展表外业务，即信贷之外的其他服务类业务，以追求非息收入的增长，从而实现从信用中介向服务中介的转变，这是一个必然过程。因此，从国外实践来看，我们并未看到专门的供给侧改革政策，大多数国家都是经历了漫长的演化，方才完成金融体系的结构优化。

过去几年，中国也出现了类似趋势。从社融结构变动可以明显看出，自 2000 年以来，中国融资结构出现非信贷化的发展趋势。2000 年前后，银行信贷在新增社融中占比 90% 左右，此后一路下行。及至 2013 年出现"钱荒"，信贷占比仅为 51%，达到历史低点。在新增社融中，非银行信贷渠道占比接近一半，某种意义上来讲，融资渠道的变化，可被视为银行业应对利率市场化以及资本监管的自然反应。一方面，通过这种方式银行可以逃避资本监管，从而降低资本要求；另一方面，银行也确实找到利差以外的收入来源。因此，我们可以看到，银行业同期的非息收入占比迅速上升，整个银行业在提升中间收入占比方面取得显著成效。从某种意义上看，这也是对2012年名义利率放开的一种反映——2012年国内进行了重大利率市场化改革——这是极易理解的逻辑。实际上，国内融资结构已经出现变化，但由于监管制度不够完善，某些金融基础设施仍不具备，银行非信贷融资渠道的发展并非真正意义上直接融资占比的提升，更多的是刚兑及资金池运作模式导致同业及资管行业将表内信用转化为表外信用。从这个意义上讲，表面上实现了"金融结构优化"，实际上仅是一种新的间接融资形式，在此过程中还引致更多的风险——信用创造脱离资本约束，相关监管又未能同步发展，由此衍生出诸多问题。由此，我们看到，基于市场逻辑出现的融资结构优化内在动力并未将金融结构优化带入正轨，因此，才有了后续的监管强化以及对"影子银行"的清理。在此，我对"影子银行"的界定非常简单，即指发挥银行信用创造功能、扮演信用中介角色，但并未与银行接受相同监管规则的间接融资行为。2017年以来的监管强化，是希望将资管业务重新纳入监管体系，因此，我们可以看到，2017年后，融资结构又回归到信贷占比为主的态势。2018年尤其明显，信贷占比80%以上，反映了监管强化背景下融资结构的短期变化。长远来看，该短期变化并非意味着我们不需要直接融资市场，也并非说明我们无须发展信贷以外的其他融资渠道，只是表明，融资结构需要转换模式，促进真正意义上直接融资体系的发展。在我看来，这种转换以及短期调整，均与金融体系自身发展的规律有关；另外，特定时期内制度的不完善以及机构自身能力欠缺，也使融资体系发展偏离正轨，因此，目前金融结构调整要回到真正意义上发展直接融资市场，将资管业务和银行信贷以外的融资通道转变成真正的直接融资渠道，这恐怕是金融供给侧改革中资管行业回归本源时应该发挥的作用。以往在资管业务中，相当数量的市场主体通过银行信贷以外的融资通道获取资金，这种方式仍属间接融资，而非真正意义上的直接融资。"资管新规"以及一系列相关政策出台，即是要将间接融资"通道"变成真正意义上的直接融资"渠道"，这也是我今天所强调的资管转型的宏观意义。因此，与以往不同，我们不能简单地从业务角度探讨资管行业的发展。

二、资管行业发展的关键要素

发展金融市场需要依托关键要素。目前，国内对资本市场发展的研究很多，角度也多有不同。简单归纳，个人认为以下几方面最为重要。

首先，完善的市场规范。需要持续完善市场制度，在此无须赘述。

其次，完善的中介服务。与之相对应的是信用评级。在美国次贷危机中，大家看到信用评级中介机构存在严重缺陷。当前，中国也存在同样的问题。2018年以来，中国信用债市场爆雷不少，但是这些债券信用评级之前看起来很高。由此观之，国内直接融资市场中介服务的质量仍存在严重短板。

再次，成熟的机构投资者。长期稳健的投资需要成熟稳健的机构投资者参与，而成熟稳健的机构投资者在现有市场中仍较匮乏。从某种意义上讲，现有机构投资者未能体现出投资的长期性，原因之一是其受制于资金来源的短期化，很难成为长期的"市场稳定器"。因此，市场亟须长期稳健、多元化的机构投资者，而作为未来机构投资者的重要来源，银行和保险机构在过去一段时间内的发展极为有限，占比不高。

最后，对投资者的教育，即风险警示。2018年至今，市场风险教育覆盖了方方面面，各类投资者都深有体会。在此情况下，正确的风险观念和投资理念非常重要，投资者需要具备风险意识，并对风险进行准确定价。

目前我们的很多举措均可自以上几个方面追根溯源。

国务院金融稳定发展委员会发布"开放11条"后，很多记者采访，我也试图进行解读。"开放11条"看起来很长，将其分类归纳后会发现其内容均与发展金融市场，或说建设直接融资体系有关，即引导外资机构投资者更多地参与国内直接融资体系建设。当然，这里讲到一些原则"宜早不宜迟"，须尽快落实，以此来倒逼相关能力的形成。我认为"开放11条"大体可归为以下两类。

第一,发展机构投资者。包括"鼓励境外金融机构参与设立、投资入股商业银行理财子公司";"允许境外资产管理机构与中资银行或保险公司的子公司合资设立由外方控股的理财公司";"允许境外金融机构投资设立、参股养老金管理公司";"取消境内保险公司合计持有保险资产管理公司的股份不得低于75%的规定,允许境外投资者持有股份超过25%";"放宽外资保险公司准入条件,取消30年经营年限要求";"进一步便利境外机构投资者投资银行间债券市场"。在我看来,以上内容均是引入外资机构投资者、进一步丰富和完善国内投资者市场的重要举措,非常重要。

第二,发展中介服务机构。包括"外资机构在华开展信用评级业务时,可以对银行间债券市场和交易所债券市场的所有种类债券评级";"允许外资机构获得银行间债券市场A类主承销牌照";"将原定于2021年取消证券公司、基金管理公司和期货公司外资股比限制的时点提前到2020年"。由此,进一步便利境外机构投资者投资银行间债券市场。

以前国内金融市场不允许外资机构评级,目前开始给予外资机构投资者一些准入政策,在我看来均与发展直接融资体系有关。一方面,通过外资的参与及推动,国内机构投资者得以不断发展;另一方面,通过对外资开放,进一步提升中介机构的服务能力。无论从政策轻重缓急,还是从金融体系开放角度来看,建设直接融资体系均是一项极为迫切的任务，我们将之视作最为重要、亟须落实的事项，体现了政策层面的优先顺序。

三、资管行业的发展前景

资管行业的重要性毋庸置疑。从发展愿景来看，未来资管行业将成为重要的机构投资者，这对中国的资本市场，或者说直接融资市场的发展都具有深远意义。但机构投资者的形成，仍须靠资管行业在现有基础上进行极大转型。过去的资管行业，尤其是银行资管，并未真正发挥作用，将其置于"资管新规"约束下，并非要限制资管业务，而是要引导资管业务成为真正意义上直接融资体系的重要组成部分。从这个意义上讲，我认为，银行资管及保险资管未来应是支撑整个直接融资市场的重要力量。对银行而言，只要其资管业务可坚持长期稳健投资，对直接融资市场的发展就是最大的帮助。就金融结构优化的总体定位来说，资管行业是未来直接融资市场发展的重要支撑力量。因此，未来资产端运作将会非常广泛，且将在相关领域发挥重要作用。具体来看，包括以下四个方面。

第一个方面，资管行业的发展方向。首先，产品体系不断完善。现在银行的理财产品也好，其他产品也好，产品体系均以固定收益类为主，相对比较单一，且固收类产品又以债权为主，未来需要更加丰富的产品体系去适应客户需求。所以在此方面，未来我们可以看到理财产品的类型将更加多样化。其次，服务渠道也会发生变化。资管行业实际上是金融科技非常重要的应用领域，尤其是未来我们将看到的新型机构，如银行理财子公司，其服务渠道的重心可能与现有银行大有不同，未来还将更加顺应线上化、移动化的发展趋势，这也与整个数字经济的发展方向高度吻合。再次，运营模式发生变化。传统银行业，或说金融业习惯从金融的角度看问题。过去一段时间，我参与过诸多资管行业论坛，大家都在探讨如何打造核心投资能力，提高资管收益。这些都没问题，确实是核心能力，但当下，收益并不是唯一重要的东西。我们看到，余额宝的成功与收益存在一定关系，但也不完全依靠收益。单从收益角度考察，余额宝不见得比其他产品有更高的绝对收益，但它确实比其他产品更为成功。从这个角度讲，在新的时代，资管行业的运营模式须跳出传统金融思路，进行新经济形式的探索。因此，银行的未来，以及资管行业的未来，都有很大的探讨空间。世界变化太快，新一代人习惯如何，我们很难把握，需要研究。面对未来市场，如何根据新一代客户的需求特征去优化运营模式，这是非常重要的。余额宝和微粒贷这类产品的成功，证明创新模式有时比技术本身更重要。归根结底，要知道客户需要什么，如何更好地为客户创造价值，这是未来需要探讨的方向。

第二个方面，资管行业的发展定位。资管行业的重要定位是，具有专业化投资能力，能够服务实体经济，以及促进资本市场的长期发展。未来在此方面，资管行业应会大有所为。

第三个方面，完善的生态体系。在资管行业，不是一个公司开发产品，另一公司专事投资，大家单打独斗。在资管行业生态中，不同的机构、不同的能力，可以实现专业分工和优势互补。还有一点很重要，除各类资管机构外，还需要大量的中介服务市场，这些均须逐步完善。因此，从上海打造资管行业中心这一角度来看，重要的不是银行将理财子公司注册在此，而是形成有效的生态，尤其是为核心资管企业提供服务的一整套体制，这是非常重要的。前段时间有个讨论特别有意思，很多银行认为，像阿里、腾讯这样的平台化模式属于"轻资本模式"，看起来做平台、引流量是非常容易之事，可以投入少、收益高，大家都极为羡慕，并试图复制。殊不知，在这样的生态体系，所谓"平台"实则是最重的资产——平台不是一两天建成的，也并非一两家机构完成的，而是一个完整的市场体系。资金投入不是一两天的事，而是远远大于硬件投资，生态体系形成是一个非常漫长的过程，同时也需要市场化机制的介入。因此，形成一个真正意义上开放、多元、互补的资管行业生态体系，需要做很多事，而不仅仅是政策支持。

第四个方面，完善的市场体系。我们除了场内市场，还需要场外市场。尤其对资管行业而言，除场外市场，还需要建立非标产品市场，否则资管发展将会面临诸多瓶颈。比如，是否可建立资管产品交易市场，将银行理财或信托产品纳入二级市场进行交易？相关市场的建设都极为重要。除此，还需要对资产进行从生到死的全生命周期管理；不仅要管理优质资产，还要考虑风险资产的处置问题；对于特殊资产进行管理和交易，更好地实现特殊资产的价值变现、清收及退出，这些对资管行业发展都具有重要意义。

综上，个人认为，资管行业的发展才刚刚开始。我们有理由相信众多银行分离出来的资管子公司，未来其资产管理规模有可能超越母行的表内业务。在国际上，这是有例可循的；从发展趋势上看，也不无可能。资管行业首先要明确自身定位，其次要逐步形成配套的中介服务和市场体系。在此过程中，我们有很多工作可以做，前景也非常光明。

以上从宏观角度探讨及分享了资管行业发展的定位、前景与看法，供大家参考。

中国经济为何"易冷难热":结构转型与广义信贷

张　斌　中国社会科学院世界经济与政治
　　　　研究所全球宏观经济研究室主任、
　　　　中国金融四十人论坛高级研究员

尽快理顺基础设施建设的投融资机制,划清基建投资中的政府和市场边界,为公益和准公益类基础设施建设投资开辟更合理的融资渠道仍是当务之急。从长期来看,推进结构改革、让市场更有效是创造广义信贷需求的持久保障。

2012年以来，中国宏观经济大部分时间呈偏"冷"趋势，近两年呈现偏"热"趋势，2019年第一季度的经济数据呈现"开门红"现象，但到了第二季度，经济下行压力又卷土重来。2003年中国经济面临的是"过热"，但是2012年以后直至今天，面临的问题是经济"过冷"。

首先要明确"经济冷热"的概念，并非经济增长速度高即"热"、速度低即"冷"，美国的经济增长速度远远低于中国，但是其经济"有热有冷"。因此，衡量经济冷热的指标并非经济增长速度的高低，其关键在于物价水平的高低。若物价水平高，总需求相对于总供给就旺盛，这意味着，企业盈利好，信心强；若物价水平低，商品交易量低，收入低，盈利自然就不好，信心就会不足。中国经济问题之一是信心不足，收入是很重要的原因，收入低、盈利少与物价水平有很大的关系。数据表明，2002~2012年平均GDP平减指数是4.6%，2012~2018年降低至1.7%。

由图1可以发现，物价是宏观经济的"稳定剂"。物价水平与经济指数呈正相关关系，物价水平的上升会带动经济、就业、企业盈利的上升，我国目前各经济指数都在平均水平之下，如果物价水平提升，我们的经济、就业、企业盈利就会在一定程度上得到改善。

经济变冷、物价变低的一个直观原因就是购买力不足，这来自广义信贷增长放缓。从个人的角度看，努力工作可以获得财富；从企业

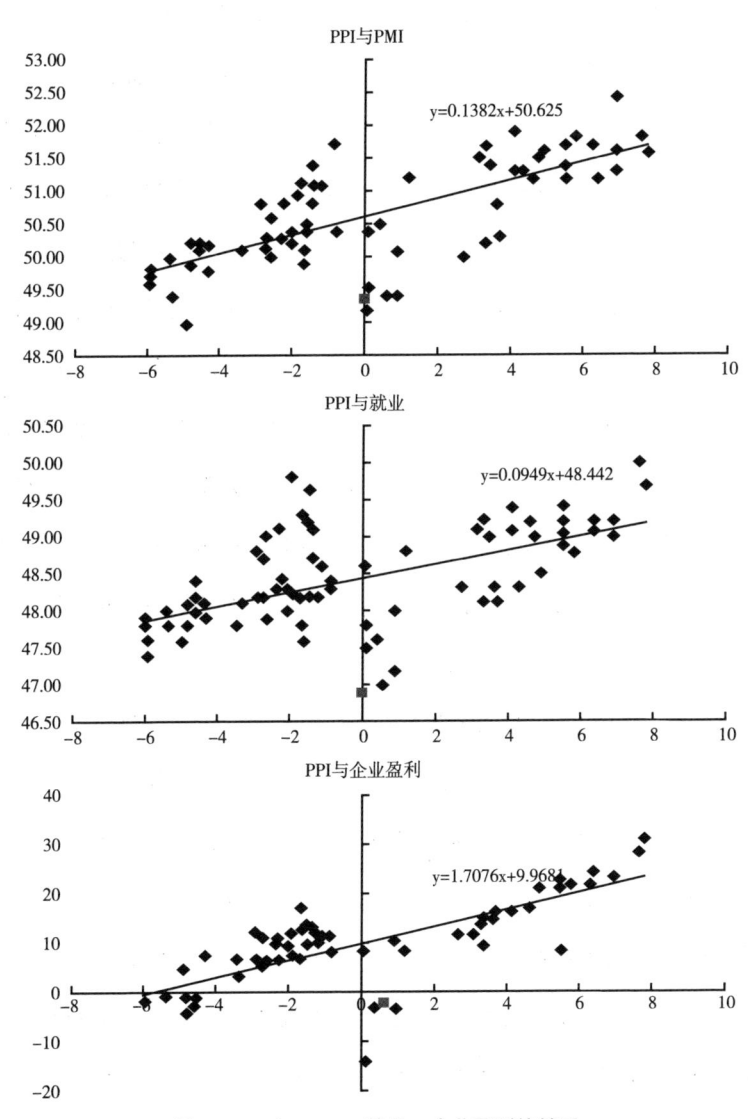

图 1 PPI 与 PMI、就业、企业盈利的关系

的角度来看，效益提高也可以获得财富，但这都是对于个体而言的。个人和企业获得的财富只是资金在不同账户上的转移，而社会上的钱是债务创造出来的。例如在银行贷款的过程中，银行给借款人发放贷款的同时借款人的账户上多了存款，这就是债务创造的社会新增的购买力。众所周知，经济增长的两个"发动机"是效率和购买力，效率在提高的同时带动生产量提高，这是推动经济发展的重要因素，但是不能因此而忽视所谓的第二个"发动机"：名义购买力。如果只有效率没有购买力，产品的产量提高了但无人购买，经济也很难实现增长，经济增长过程中如果没有债务相匹配，也会面临下行压力。经济偏"冷"的最直接表现是物价偏低，物价偏低意味着购买力不足，购买力不足的主要原因在于债务问题。无论是企业到银行贷款，还是个人购买房产，都会增加全社会的购买力。

我国的债务增长问题于 2012 年开始显露，这一年是中国经济结构变化的拐点年份，中国经济全面开启从制造到服务的经济结构转型。从国际经验可以看出这是自然发生的，人均 GDP 达到一定水平后，消费支出结构就会发生变化，对普通制造业的需求慢慢开始降低，同时转向服务业。通过图 2 可以看出，2005~2012 年家庭设备用品及服务、交通和通信、其他商品和服务、衣着等支出的增长速度超过平均增长速度，垫底的是居住和医疗保健支出。但是到 2012 年之后情况发生改变，医疗保健、交通和通信、教育文化娱乐服务

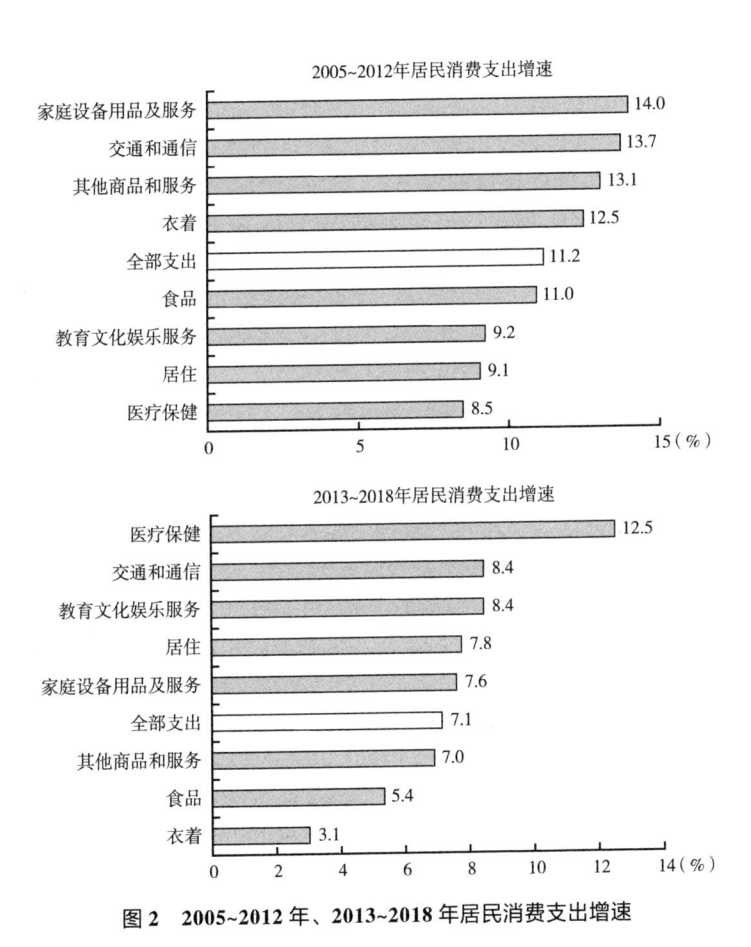

2005~2012年居民消费支出增速

- 家庭设备用品及服务: 14.0
- 交通和通信: 13.7
- 其他商品和服务: 13.1
- 衣着: 12.5
- 全部支出: 11.2
- 食品: 11.0
- 教育文化娱乐服务: 9.2
- 居住: 9.1
- 医疗保健: 8.5

2013~2018年居民消费支出增速

- 医疗保健: 12.5
- 交通和通信: 8.4
- 教育文化娱乐服务: 8.4
- 居住: 7.8
- 家庭设备用品及服务: 7.6
- 全部支出: 7.1
- 其他商品和服务: 7.0
- 食品: 5.4
- 衣着: 3.1

图 2　2005~2012 年、2013~2018 年居民消费支出增速

成为增长快的行业，而食品和衣着成为垫底行业。收入水平的变化带动了需求结构的变化，同时生产结构也要跟着改变。生产制造业大多是资本密集型或劳动密集型，而服务业多为人力资本密集型。2012 年以后人力资本越密集的行业发展越快。此外，有研究曾统计高中生和本科生在不同行业中的占比，发现过去五年本科生占比越高的行业增长越快，本科生占比越低的行业增长越慢，即人力资本密集型行业有更好的发展前景。

需求结构的变化导致产业结构也发生变化，资本密集行业发展缓慢，人力资本密集型行业发展迅速，对信贷也产生了一定影响。很多信贷需求较大的企业，像钢铁、化工等典型的资本密集型行业，经过发展高峰期后信贷需求开始大幅度下降，像科教体卫文娱等人力资本密集型行业虽然发展很快，但这些行业本身面临很多政府限制，因此即便有贷款需求也无法充分释放。这是从贷款需求的角度来看，接下来从信贷供给的角度来看。首先资本密集型行业的最大特点是有厂房、设备等很多的有形资产；其次制造业商品从生产到消费是有时滞的，这个很重要，从生产到消费有运输、仓储过程，此外信用证等都是可以作为抵押证据的，而且资本密集型行业和制造业产品标准化程度高，可复制性强，面向全球市场，失败率低。而人力资本密集型行业，有形资本较少，生产与消费同时发生，没有订单、仓储、运输以及信用证，使得银行抵押信贷存在一定的困难。由此看出，产业结构的变化致使贷款需求发生很大变化，之前贷款需求大的企业现在需求减少了，需求高的行业又由于各种各样的管制贷不到款，而信贷供给方面临同样的困难，资本密集型行业贷款限制少，而人力资本密集型行业贷款限制较多。由图3可以看出，2013~2017年企业信贷平均增速相较于 2007~2012 年下降了一半,从 16% 左右下降到 8% 左右。

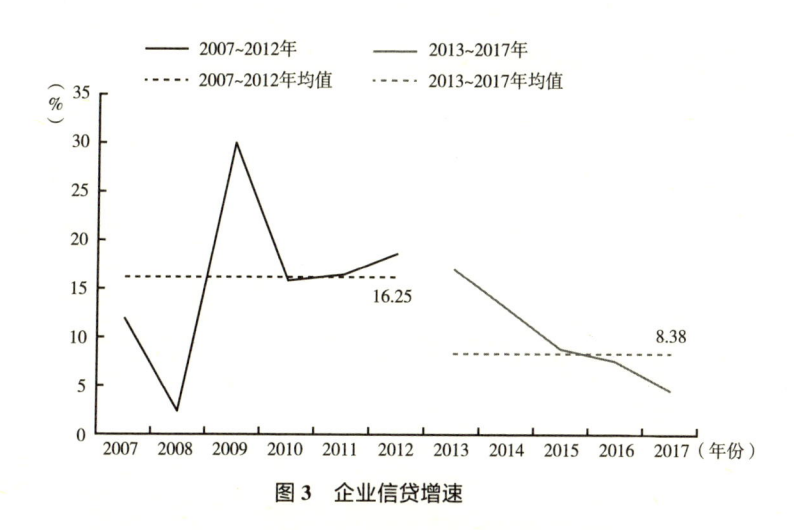

图 3　企业信贷增速

人力资本密集型产业崛起是为了满足消费升级的需要,从而带动人力资本密集型服务的升级,最终推动人力资本密集型的消费升级。消费升级的重要表现之一是更多的人搬到大城市居住,因为大城市人力资本密集型产品和服务更多。制造业产品可以送货上门,但是提升生活品质、享受更好的服务的唯一方法就是靠近服务,搬到大城市居住,这样不仅可以享有更好的服务,还有更多获得更高收入的机会,由此可见一线城市房地产价格虽然一直上升,但房贷增速并未呈现下降趋势。由于产业结构变化,居民信贷走势平稳,企业信贷呈下行趋势，整体水平是下降的，这时候就需要政府将整体水平拉上去，如果政府不作为，那么整个社会的广义信贷水平就会下降，经济会垮掉，投资也会面目全非。虽然我们的政府会受到一些质疑，但是如果没有政府债务扩张，我们的广义信贷会比现在还难看得多，通货紧缩水平也会更严重。

由图4可看出，2012~2017年，企业在整个社会的融资增量中占比大幅下降，包含了地方融资平台的政府部门占比上升至53%。可以想象，如果发生类似于2018年下半年的情况，地方政府债务整治结合金融部门去杠杆，政府占比收缩，整个增量就会是负的，社会融资会大幅度下降，整个经济可能会被冻结。

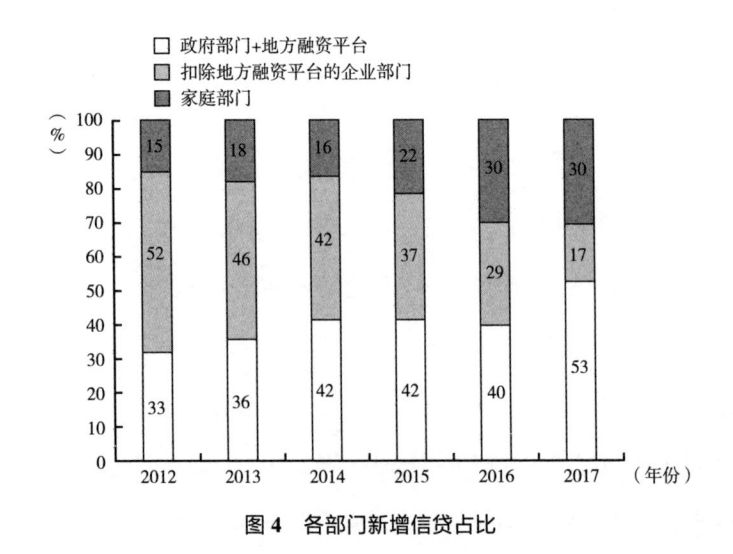

图4 各部门新增信贷占比

经济偏"冷"的原因是购买力不足,购买力不足是因为产业结构变化导致信贷增长不足。居民信贷走平,企业信贷下降,但是政府广义信贷增长量不够,导致经济仍然偏"冷",不足以支撑一个温和的物价水平。要解决这个问题,主要是靠改革。如果金融部门可以为小企业提供多样化的金融科技手段来解决薪资不对称问题,如果权益资本市场可以为人力资本密集型行业提供更大的帮助,如果政府对教育、医疗、体育、娱乐等行业的管制更加放松一点,提供更多的发展机会,那它们将会有更多的发展动力、更多的贷款,对社会的广义信贷做出更多的贡献。

不能把结构改革作为想当然发生的事情,我们过去总是对改革寄予厚望,今天要反思一下,结构改革是否一定会发生,是否应该发生?结构改革是对传统利益格局的打破,而大多数政府站在支持传统利益的立场,因此改革不是一蹴而就的。

仅对经济结构进行调整并不能够直观地看到经济增长,这时还需要稳定政策,通过政府扩张,弥补市场内生信贷扩张不足。我国需要有一个物价稳定目标,发达国家一般把2%作为一个通胀目标,但考虑到我国是一个发展中国家,结构转型的压力比较大,2.5%~3%对中国是更适宜的。2019年6月份的数据表明我国PPI是0,核心CPI是1.6%,远远低于合理的物价区间,这种情况下更需要政府采取一些措施,支持广义信贷的增长。

增加债务可能会带来对于风险和隐患的担忧，我认为，债务是否要扩张取决于一个边界，这个边界并非债务的增长速度，关键在于通货膨胀率。如果政府在一个通缩的环境下去扩张债务，增加购买力，会有很强的挤入效应，对全社会的产出增长都有正面作用，这种情况下增加债务是雪中送炭。如果政府在通胀环境下再去扩张，此时供求已经达到平衡，甚至需求超过供给，那么便成了与民夺利，会产生很大问题。对于债务率的担心是不必要的，指标大多是用来参考的，其中有太多的细节问题和不确定性，国际上并没有足够多可借鉴的经验来支撑我们集中关注某个指标。目前应关注于长远的发展，购买力总量至关重要。结构改革一般是强调政府的改革，但更重要的是企业的改革，如果可以给中小企业相对温和的通胀和购买力水平，给它们更多的生存机会，那么它们可以起到的作用将不仅是推动经济结构的改革，还可以是保持宏观经济的稳定。

金融科技与上海机遇

孙　涛　上海金融与发展实验室理事、
　　　　蚂蚁金服罗汉堂资深总监

未来金融体系应该实现信息流、资金流和物流的数字化，在风险可控的前提下，满足海量用户的多样化需求。

我在蚂蚁金服工作，在日常工作中经常面临一些来自不同部门的现实问题，比如说公司是不是太大了？是不是有系统性风险？是不是有数据隐私泄露风险？实体店和线上店之间是不是形成某种破坏性关系？我结合工作中的一些问题，结合上海金融与发展实验室谈谈一些观察。

现在讨论的金融科技问题只是一个起点，金融科技包括三个层次的问题。第一个层次是金融科技，它本身是什么？对于传统金融行业有什么影响？对监管有什么影响？监管应该怎么办？第二个层次，跳出来看金融科技应该是数字经济概念，数字经济有广义和狭义之分，它是与传统经济相对应的概念，传统经济研究的所有问题数字经济都会涉及。第三个层次，跳出金融看金融，现在需要思考一个问题，我们是否开始进入用数据做金融的时代？

一、中国面临的金融风险和格局

中国的金融风险非常高，不管用 BIS、IMF 还是中国自己的维度来衡量，中国的金融风险都高。国际货币基金组织的各国金融风险程度显示，中国非金融类企业、家庭、银行等部门风险最高。我们需要反思一个问题，不光中国，全世界都是如此，搞金融这么多年为什么控制不了风险？反复出现危机，理论上是因为信息和数据不匹配。之所以出现贷款损失，本质上是因为没有找到合适的贷款人和借款人。这就提出了一个问题，用什么办法可以有效缓解信息不对称？

全球金融市场规模显示，美国的金融资产规模最多，2017年超过100万亿美元，中国是80万亿美元。中美的重大区别在于，中国以间接融资为主，银行贷款和债券规模占比最大。中国金融问题本质是银行体系的问题，银行体系稳定了中国金融就稳定了，与金融科技关系不大。中国金融科技总资产额是2万多亿元，而银行资产在2018年高达40万亿美元，从资产规模来看，金融科技不会是系统性金融风险的制造者。

从全球来看，2002年银行占全球金融资产的比重是43%，中间上涨到45%，现在降到40%；广义影子银行占比也在逐渐上升；由于美联储、日本央行、欧洲央行大量地进行资产购买，中央银行资产占比也在上升。这说明传统的金融体系格局并没有发生大变化，尽管影子银行占比上升，中央银行占比上升，但是银行占比（40%）依然很高。

二、提高全要素生产率是关键

中国现在面临的增长问题是，在GDP实际增长率的构成中净出口和投资的拉动作用降低了，主要靠消费来支撑。中国未来的增长在很大程度上取决于全要素生产率的情况。近些年全要素生产率的增速在逐渐下降，如果要解决中国长期稳定增长问题，必须先解决全要素生产率问题。因为净出口不如以前，投资难以再度扩张，消费受可支配收入影响也受到一定约束，技术进步将是一个关键因素。

三、数字技术的特点和机会

人类社会有四次重大的技术进步，分别是蒸汽机、电力、计算机和数字技术。人类重大技术创新所带来的经济增长情况：1840年（鸦片战争）之前各个国家人均GDP增长很慢，1840年之后全世界人均GDP增长加快，新加坡增长得最快，美国其次。技术革命实际上是GDP增长的过程，技术是驱动全球过去200年经济增长的主要动力。

数字技术有四个特点：低使用门槛、低边际成本、非竞争性、网络效应。比如，任何人都可以使用支付宝、微信支付，在这个过程中使用技术成本很低。再比如，阿里的云计算非常发达，2018年云计算服务费用一年不到50美元，使用门槛很低。非竞争性是数据与传统经济资源的巨大差别，数据可以共享使用。在这种情况下容易形成双边市场、买方和卖方市场、消费者和生产者市场，从而在平台形成集聚效应。现在已经不需要大量的资本投入，实际上是靠市场自身的机制。这就形成了一个良性循环，能否在全国形成一个良性生态体系，得看企业的发展方向和国家政策的导向。

中国电商市场的发展情况显示，2017年，中国线上消费占全国零售总额的比重为23%，居世界第一。从新兴市场国家移动支付的情况看，2018、2019年中国线上支付占整个支付的比重都是86%。越南和中东近两年增长非常快，这实际上是后发优势，由于数字技术、手机的普及，移动支付增长非常快。

四、数字技术与普惠金融创新

现在的金融科技服务有两类，一类是由纯做金融服务的技术企业提供的，如P2P、众筹等；另一类是由大数据公司提供部分金融服务，如阿里、谷歌、亚马逊等。BIS的一项研究展示了两类金融服务在全世界的分布情况，阿根廷的大数据公司提供了很多金融服务，这两类金融服务的分布基本是一半一半。中国有大量纯做技术服务的金融科技公司，2017年，中国这两类金融服务提供的人均信贷规模是372美元。

中国的银行信贷高度依赖抵押品，传统银行更愿意给有抵押品的企业或个人提供贷款。由于存在信息不对称，如果没有抵押品，则贷款人不愿意提供贷款。2017、2018年的数据显示，中国上市银行中80%的银行贷款需要抵押品。

我们需要关注一个新现象，依赖物质抵押品的信贷方式正发生转变。金融科技可以把信息和想法变成数字资产，把数字资产变成抵押品，这就成为获得资金的一个渠道，背后的数字资产有很多指标和模型去估算，符合这个池子的就可以获得信贷支持，这是现在腾讯、阿里在尝试的新模式。这也提醒我们，跳出传统的金融思考方式去看现在数字时代的一些潜在机会，是一个新的玩法，尽管刚刚开始，但是随着时间的推移其规模将越来越大。

世界银行 Findex 数据显示，从全球范围来看，高收入经济体的大量资金来源于传统金融机构，发展中经济体中居民的融资来源更多是家人或朋友，银行还不是居民借款的主要渠道。世界银行对淘宝村的调研数据显示，蚂蚁金服授信的经营性信用微贷是中国农村地区从事电商业务的居民借款的重要渠道，我们提供的信贷大量是用数据做抵押的。

蚂蚁金服与中和农信联合放贷，蚂蚁金服提供比较好的技术模型和数据分析方法，并把数据分析方法变成可控的风险识别指标，中和农信提供用户和资金。现在金融科技企业正在和传统金融机构进行合作，如果不合作对双方都没有好处。金融科技企业不像银行那样有大量可贷资金，又与传统金融机构一样都受到 8% 的资本充足率监管，且很难发行大量 ABS，必须想办法和传统金融机构合作。而传统金融机构由于线下成本较高不能有效解决信息不对称问题，这就需要数据和模型的支持。

这也涉及数据隐私问题，用户给科技企业提供数据，企业能否保证数据隐私安全？现在全球关于数据隐私的讨论和争论非常多，技术可能带来数据隐私问题，但是技术也可能是数据隐私的一个解决方案，比如多方安全认证等都是正在使用的解决隐私问题的方案。

北京大学的普惠指数反映了数字普惠金融的发展。2011年，全中国得到的普惠金融服务是非常有限的。随着时间推移，到2017年，越来越多的地区得到了有效的数字覆盖的普惠金融服务，包括支付、信贷、征信和保险四个维度。

从全球来看，金融科技不只是中国的问题。从2018年开始，BIS、IMF发表了大量关于Fintech的文章。它们发现在另外一个世界，手机就可以刷出大约是美国一百倍的支付交易额，这个问题如此重要。关于全球各个地区金融科技的比较，亚洲发展比较快，这已经成为一个全球关注的问题。

五、金融科技与未来金融体系

从消费和生产视角来看，现在中国面临很多问题，如增长问题、稳定问题，还有一个问题是能否在给定的经济规模、消费水平、投资水平的情况下有效刺激消费。现在每个人都有手机，每个人都有数据，很多大数据企业都可以提供精准化、个性化服务，精准、有效把握消费者需求后，又可以马上反映到生产企业。现在以阿里和腾讯为代表，出现了新的生产方式。如淘工厂，线上需求提出后马上有对应的厂家、中小企业去生产，没有存货，消费生产效率非常高。在给定大环境不变的情况下，消费和生产的协同作用发生改变，即宏观经济的微观基础正在发生变化，直接打通了消费者和生产者之间的联系，而不像过去有很多中间的传导。

未来的金融体系应该同时反映信息流、资金流和物流的数字化，最终满足可控风险下海量用户的多元化需求。用户数量非常多，每个用户可能也有很多需求。在IMF金融体系的框架下，基本框架是金融体系、监管当局、金融机构，而金融机构又分传统型银行和非银行金融机构。未来很可能出现一个新的方面是数据，金融体系可能分为数据服务机构、数据监管机构（如央行），数据服务机构又分为两类，一类是与金融有关的，如蚂蚁金服，还有一类是跟金融没有关系的，比如大量的数据公司。由于数据的信息资产性质和抵押品性质，未来可能出现新的资金服务方式。国际组织已经开始关注这个问题，也在讨论未来监管数据的国际机构是否放在国际组织。

六、上海的机遇与挑战

我建议将来跳出金融科技本身，跳出第一个层次的问题去思考更多问题：如金融科技与传统金融的融合、数据可能上升到和货币一样的信息载体地位、合适的监管体系、数字治理和全球规则制定等。比如，中国过去在商品贸易上一直是出口大于进口，是贸易顺差国，未来中国要取得全球性的优势，在数据上一定要进口大于出口，这样才能拿到足够的数据资源进行生产，我们内部应该加强有效治理来应对这个挑战。

与此同时，我们还面临信息流、资金流、物流、人力资本、信息基础设施、金融数据化、数据金融化等方面的机遇，以及就业、竞争与垄断、隐私保护与数字治理、系统性风险与监管等挑战。这些问题在国内外都已受到关注。

现在金融科技的发展已经得到全球的关注，但目前几乎没有哪个机构、组织和个人在该领域具有绝对领先地位。我们在这方面是有机会的，因为我们的市场发展非常好，市场创新比较快，关于消费、生产的各类案例非常多，在这样的情况下，我们可以抓住机会，在金融科技方面，推动上海在国际上的领先地位。

信托业转型：从资产管理到财富管理

王　涛　五矿国际信托有限公司总监

信托业未来发展走向将聚焦于私募投行、财富管理、资产管理和受托服务等四个方面。在时代大背景之下，财富管理业务对于将国人财富留在国内，进而支持实体经济转型升级意义重大。

非常荣幸能够受到国家金融与发展实验室、上海金融与发展实验室的邀请，代表五矿国际信托有限公司参加此次大会。我们此次参会的目的是希望能够得到一次向理论界、金融界和实体经济先进代表学习的机会。同时，也希望能够站在信托公司的角度分享一些我们的学习体会，共同致力于促进上海资管与金融创新中心的建设，共同探索推动资管与金融创新的有效转型。

一、信托业持续为金融体系注入创新动力

信托行业历经 40 年的发展已成为资产管理规模仅次于商业银行的第二大金融子行业，截至 2019 年第一季度末，行业管理规模为 22.54 万亿元。然而，随着我国进入提质增效的新时代，金融机构以往快速扩张的基础出现了巨大改变，特别是对于非主动管理规模的控制和压缩，使全行业都面临方向性的选择，转型改革的压力不断加大。不断推行改革创新是信托公司发展的活力源泉，站在新的历史坐标下，信托业将切实发挥制度优势，在转型发展中实现自我跨越。

与实体经济紧密结合既是信托业的发展基础，也是信托业的创新动力。作为一个资管机构，信托公司无论是在财产来源、交易结构设计、服务领域方面，还是在股权、债权、事务管理方面，对支持实体经济都具有天然的优势。近年来，信托业以服务实体经济为根本宗

旨，不断加大服务广度。如：通过资产证券化业务，帮助企业让渡存量债权或收益权资产，实现存量资产变现，从而拓宽融资渠道，并改善企业的资产负债结构；通过加大对新兴产业的投研力度，开发股权融资产品，凭借独特的制度优势和灵活的金融工具运用，将资金充分配置到符合产业政策导向的新经济企业；通过充分发挥在实体经济投资方面的专业优势，以债转股等方式推动企业间的兼并重组，支持经济结构的优化升级；通过积极参与多层次资本市场建设，在二级市场投资、MOM/FOF、定向增发、并购重组、私募债等方面，为不同风险偏好的客户提供多样化、定制化的金融服务；通过强化对金融机构、国际市场、大类资产的研判能力，形成差异化的竞争优势，并积极发展国际业务，拓展境外理财。

总体来看，主动谋变已经成为当下信托公司创新发展的主基调。信托公司基于自身禀赋，在多个领域积极开展创新实践，形成创新产品，成果丰硕。如中信信托近日设立了首家"信托系"消费金融公司；建信信托已经成功募集三期"中国国企改革创新基金"；外贸信托打造DFP（数据联盟），依托"一联盟三平台"重点发展小微金融业务；云南信托成立"云程万理"系列供应链金融产品与服务；华润信托发行以阳光私募为投资对象的托付宝（TOF）系列产品；五矿信托推出的"F+EPC"基建业务创新模式，为基础设施建设提供"资金+施工"的一揽子解决方案，也获得了市场广泛好评。此外，我们还落地了国内首单银行间市场供应链应付账款 ABN 项目，并积极响应国家号召，在有利于实体经济发展、民生改善等新兴领域开拓核心客户，普惠金融类业务规模超过 1000 亿元，创新业务新增规模近 2000 亿元，同比增长 8.66 倍。

二、财富管理正成为信托创新转型新方向

40 年改革开放实践证明，中国经济和金融的发展依靠改革开放。作为现代金融业发展试验田中的创新"排头兵"，信托业未来转型必须更加积极、坚定地拥抱改革开放，坚守回归本源业务的"初心"，加强对实体经济的专业化服务能力，推动供给侧改革，由此赢得更广阔的发展空间。

随着泛资管时代的到来，资产管理业务成为信托行业服务现代金融体系建设的主要手段。与此同时，随着我国人民物质生活水平显著提高，高净值、超高净值客群实现了跨越式增长，财富管理业务也越来越成为信托创新转型的新方向。招行与贝恩资本共同发布的《中国私人财富报告》表明，2018 年，可投资资产在 1000 万元以上的中国高净值人群数量达到 197 万人，2016~2018 年年均复合增长率为 12%，共持有可投资资产 61 万亿元。

2018 年中国人民银行发布的资管新规将重塑信托公司的业务结

构及业务模式，进一步推动信托公司回归财富管理等本源业务。基于对市场需求变化的分析，业内基本达成共识，信托业未来发展走向将聚焦于私募投行、财富管理、资产管理和受托服务等四个方面。在时代大背景之下，随着资管行业对合格投资者教育的持续推进，财富管理业务未来将更多地担当起信托公司服务实体经济的重任。

与资产管理业务往往从资产端发起不同，财富管理业务从投资人自身角度出发，通过创新思维发掘高净值人群多样化、定制化需求，进而引领金融产品及服务创新。以家族信托为例。银保监会信托管理部赖秀福主任指出，用好信托制度服务家族财富管理需求，是新时代中国社会经济发展的切实需要。家族信托从委托人的财富管理需求出发，通过创新的架构搭建和多元化的资产配置方案，在实现了超高净值客户财富传承目标的同时，也为其提供了全方位的资产管理解决方案。例如，五矿信托家族办公室设立的首单永续传承型家族信托，就通过受益权承继规则的灵活设置、信托当事人权利义务的合理安排等，满足了客户婚姻风险隔离、大额资金支配、财富跨代传承、慈善捐赠等综合性需求。正是因为家族信托业务在家族传承治理、家族精神塑造、资产配置与投资组合等方面不断提供创新服务，2012年以来，我国家族信托业务从零出发、迅速扩大，迄今规模已有1000亿元。但与61万亿元的市场容量相比还有很大的发展空间。

财富管理业务对于将国人财富留在国内，进而支持实体经济转型升级意义重大。信托财富管理业务想发展壮大，离不开信托公司的不断探索实践，更离不开监管层的顶层设计。当前，在财产所有权归属、财产登记、税收筹划、风险隔离、持股企业上市等方面，制度建设仍存在进一步完善的空间。这需要理论界进一步深化对这一领域发展规律的认识，需要更多的专家学者为这项业务、这个市场的健康发展建言献策。

三、把握好上海这一金融资管创新"特区"

上海是金融全行业创新发展必争之地，上交所、金交所、中信登等机构在上海的设立，为资管行业的金融创新提供了良好环境。此次，我们在上海召开研讨会，是因为上海正致力于国际金融中心建设，银行、信托、证券、保险、基金不断会聚，总部型金融机构不断涌现，各类金融机构都在为使上海成为国内外金融机构的重要聚集地而奋斗。

我们五矿信托一直以来高度重视上海区域业务的开展。2018年，已经将上海业务中心扩展成为上海业务总部，业务范畴也从政信合作、地产融资等传统模式扩展至资产证券化、证券投资、消费金融、信保合作等多个领域。截至2019年6月30日，公司在上海当地的项目存量约为350亿元；仅2019年上半年，就新增落地项目16个。

通过持续创新，五矿信托当前已经拥有实业投资、股权投资、特色服务等十大展业方向，可以为客户提供多样化、多角度、多维度的金融服务。2018年，公司综合实力排名已跻身行业前十；2019年上半年，公司营业收入同比大幅增长47.49%，净利润增长38.81%，在已经公布中报的58家信托公司中跻身前五名。

五矿信托同样重视上海区域财富管理业务的发展，目前已经在上海设立6个财富中心。在我们看来，财富管理业务有望成为信托行业在上海区域创新致胜的利器。特别是在股权投融资领域。把上海建成国际金融中心的主要指标之一，就是要"显著提高直接融资特别是股权融资的比重"。财富管理、家族信托的发展，恰是信托行业走向股权时代的重要依托。二者在上海这个"特区"的有效结合，一定会绽放出美丽的创新之花。随着我国经济向高质量发展转型，传统间接融资模式已经越来越难以适应新产业、新业态、新模式发展的要求，中国经济走向股权时代的呼声越来越高。家族信托的主要资金来源是传统行业成功创业的产业资本，这类资本相比传统追求短期利益的信贷资金而言，对于股权投资有天然的亲近感，更加有利于驱动中国经济迈入股权时代，与传统的信贷类间接融资方式相比，直接融资模式更受到企业家的青睐。这既是来源于传统行业的产业资本转型升级的要求，也是他们实现稳定家族传承的根本目标。

作为重大国家战略，上海深化金融业务创新，建设国际金融中心，同样需要国家给予更多区域政策支持，确保在亚太地区国际金融中心的激烈竞争中脱颖而出。尤其是在打破刚兑，提升国民股权投资比重方面，上海"试验田"意义凸显，也希望国家能够将一些已经考虑成熟的改革政策在这里先行先试。借政策东风，相信未来五矿信托会有更多的机会，通过家族信托、家族办公室等财富管理服务工具，为上海区域经济发展、金融创新贡献新的力量。

图书在版编目(CIP)数据

上海国际金融中心建设与长三角一体化/李扬主编
. -- 北京：社会科学文献出版社，2020.7
（金融智库实录. 立言）
ISBN 978-7-5201-6793-2

Ⅰ.①上… Ⅱ.①李… Ⅲ.①国际金融中心-建设-研究-上海②长江三角洲-区域经济一体化-区域经济发展-研究 Ⅳ.①F832.75②F127.5

中国版本图书馆CIP数据核字（2020）第102710号

·金融智库实录·立言·

上海国际金融中心建设与长三角一体化

主　　编 / 李　扬

出 版 人 / 谢寿光
组稿编辑 / 恽　薇
责任编辑 / 孔庆梅

出　　版 / 社会科学文献出版社·经济与管理分社（010）59367226
　　　　　 地址：北京市北三环中路甲29号院华龙大厦　邮编：100029
　　　　　 网址：www.ssap.com.cn

发　　行 / 市场营销中心（010）59367081　59367083
印　　装 / 北京盛通印刷股份有限公司

规　　格 / 开　本：880mm×1230mm　1/32
　　　　　 印　张：8.875　字　数：170千字
版　　次 / 2020年7月第1版　2020年7月第1次印刷
书　　号 / ISBN 978-7-5201-6793-2
定　　价 / 78.00元

本书如有印装质量问题，请与读者服务中心（010-59367028）联系

▲ 版权所有 翻印必究